La jaula de los gorilas

Rodrigo Muñoz Avia

La jaula de los gorilas

Notas y prólogo de
Silvia Vega Ordóñez

Ernst Klett Sprachen
Stuttgart

1. Auflage   1 ⁵ ⁴ ³ ² ¹ | 2018 17 16 15 14

Alle Drucke dieser Auflage sind unverändert und können im Unterricht nebeneinander verwendet werden.

Herausgeberin der Reihe *Literatura Juvenil*:
Prof. Dr. Andrea Rössler

Redaktion: Marcelo Rodríguez
Layoutkonzeption: Elmar Feuerbach
Gestaltung und Satz: Satzkasten, Stuttgart
Umschlaggestaltung: Sandra Vrabec
Coverillustration: Matthias Pflügner, Berlin
Foto Seite 130: EFE/lafototeca.com (Andreu Dalmau), Madrid
Druck und Bindung: AZ Druck und Datentechnik GmbH, Kempten
Printed in Germany

ISBN 978-3-12-535699-3

Índice

Prólogo

Rodrigo Muñoz Avia es un polifacético escritor madrileño que desde siempre estuvo vinculado al arte, por medio de sus padres pintores, y a la escritura. Es de destacar la capacidad de su pluma para acercarse a todo tipo de público. El autor de *Psiquiatras, psicólogos y otros enfermos* cultiva con destreza narrativa la novela de adultos, la juvenil y la infantil sin desdeñar otros géneros que habitualmente no se relacionan con la lectura literaria. También es prolífico como guionista, de cine o de documentales, y ha desarrollado una faceta de bloguero que le ha llevado a reencontrarse con la literatura tradicional por medio de la publicación en papel de los artículos colgados en su blog *El gato de guardia*. Sea cual sea el género o el público, los relatos de Muñoz Avia traspasan fronteras.

En *La jaula de los gorilas*, el autor presenta a Gerardo, un chico normal, con sus amigos, sus sueños y con una familia a quien, a su manera, quiere y por la que se siente querido. El sospechar que su padre, con el que mantiene una relación algo rebelde, entre oposición y admiración, y que sus 16 años exigen, ha trastocado su mundo. ¿Qué sucedería si cualquiera de nosotros dejáramos de confiar en la persona a quien creíamos conocer casi mejor que a nosotros mismos? Un pilar básico en la vida del chico se desmorona y es necesario encontrar nuevas fórmulas para que su mundo siga teniendo sentido, reorganizarlo y comprenderlo. La creatividad es su arma en su búsqueda de preguntas y de respuestas.

El autor elige que sean narrador y protagonista la misma persona. Uno de los puntos fuertes y novedosos de la novela es que intercala y mezcla en la historia del joven una historia paralela que aparentemente no tiene nada que ver con el hilo de la trama principal en la que él sigue siendo el protagonista. A través del cómic Gerardo muestra la soledad en la que se encuentra, las ganas de luchar y adaptarse a la nueva situación en ambas vidas, la del cómic y la real. Rompiendo con la línea narrativa, se consigue que el lector se enganche a este doble juego. Es posible que la realidad parelela o dimensión beta, como él la llama, sea la que le dé coraje al protagonista a sacar lo mejor de sí mismo, agudizar el ingenio para escapar de su jaula.

El autor consigue caracterizar al personaje de Gerardo a través de la lucha contra sus sentimientos. Los analiza y los intenta comprender descubriéndose a sí mismo un poco más en el proceso. No solo lo que siente caracteriza a Gerardo. El rico uso del lenguaje juvenil acerca al lector al mundo del protagonista, nos habla de la importancia que para él tiene su entorno, nos muestra sus intereses y la presión que pueden llegar a ejercer sobre él sus amigos.

El aprendizaje en la huída del mundo perfecto en el que vivía le sirve al protagonista para ver que existen otras formas de vida donde el dinero y los convencionalismos no tienen importancia, donde la verdadera amistad y el decidir por uno mismo su propio camino es lo que vale. Descubre que vivir con poco le hace más feliz, trabaja por primera vez para ganar dinero. A través del trabajo vive el esfuerzo físico y el placer de las ganarse las cosas, la frustración y la falsedad de la imagen que la gente quiere consumir. Conoce y asume otro tipo de valores que le ayudan a poner en tela de juicio su vida anterior. Saber decir perdón no es fácil pero tanto su padre como Gerardo lo han aprendido en unos intensos días.

Rodrigo Muñoz Avia sabe llegar al lector joven con gran habilidad, meterse en su mundo y empatizar con sus problemas y vivencias. Hace que uno se replantee los valores que parecen inamovibles y vea las cosas al tomar distancia. Al mismo tiempo plantea temas tan actuales como la corrupción, el medioambiente, los intereses de los jóvenes, la amistad y el amor desde la sencillez y en primera persona.

La jaula de los gorilas no es tan solo una novela juvenil sino una novela para todos los lectores que alguna vez se han sentido traicionados, que han descubierto los secretos que tenían encerrados los otros y ellos mismos, que han sido juzgados o han juzgado a veces *in*justamente... Con esta historia o historias paralelas llenas de personajes carismáticos, Muñoz Avia consigue algo tan difícil como la la reflexión y una sincera sonrisa del lector.

Silvia Vega Ordóñez

La mayor injusticia consiste en parecer justo sin serlo.

Platón, *La República*

Así como está inserto en la lengua, la boca y el estómago de
las abejas que deben producir la miel, en nuestros ojos, en
5   nuestros oídos, en nuestra médula, en los lóbulos de nuestra
cabeza, en todo el sistema nervioso de nuestro cuerpo, está
escrito que hemos sido creados para transformar lo que
absorbemos de las cosas de la tierra en una energía particular
y en una cualidad única en el globo. Ningún ser, que yo
10   sepa, ha sido combinado para producir como nosotros ese
fluido extraño que llamamos pensamiento, inteligencia,
entendimiento, razón, alma, espíritu, potencia verbal, virtud,
bondad, justicia, saber: porque posee mil nombres, aunque no
tenga sino una esencia.

15   Maurice Maeterlinck, *La vida de las abejas*

1 **la injusticia** Ungerechtigkeit – 1 **consistir** basarse en uc – 2 **Platón** filósofo griego.
Escribió en la *República* el conjunto de sus ideas filosóficas. – 3 **inserto** metido dentro
de uc – 4 **una abeja** Biene – 5 **una médula** *espinal* Rückenmark – 5 **un lóbulo** parte
redonda y saliente de un órgano (Lappen) – 7 **crear** hacer, fabricar – 9 **un ser** Wesen –
11 **un fluido** líquido en movimiento – 12 **el entendimiento** razón, comprensión de las
cosas – 13 **la bondad** → bueno – 15 **Maurice Maeterlinck** (1862-1949) escritor belga
premio Nobel de Literatura (1911)

Dice Javier que los insectos y todos los bichos pequeñitos sufren y sienten dolores como los puede sentir por ejemplo una vaca, y que por eso no hay que matarlos. Estas cosas basta que te las digan dos veces para que te acabe entrando
5 la paranoia. Según le ha dicho su profesora de Conocimiento del Medio, los insectos generan hormonas y tienen órganos muy parecidos a los nuestros, aunque más simples, y está demostrado que sufren. Que sufran tanto como una vaca no lo sé, me parece exagerado, pero el caso es que algo sufren y por eso
10 yo ya no soy capaz de darle un pisotón a una simple hormiga o de aplastar un mosquito con un periódico. Pienso en el sufrimiento del bicho, en su espantoso dolor, y en el pánico que sentirá al ver cómo levanto mi pie. Por lo visto hasta las plantas generan la hormona del estrés si sienten que se les va
15 a hacer daño. Yo ahora lo que hago cuando veo un bichito en mi habitación es perseguirlo con un folio y ponerlo encima. Es patético, ya lo sé, pero yo no tengo la culpa, ha sido el anormal de mi hermano, que me lo ha contagiado. Tiro el bicho a la jardinera que está justo delante de mi ventana y me siento feliz
20 por el pobre animal. Aunque cuando me toca desviar todo un camino de hormigas que han llegado desde el jardín a comerse las miguitas de pan junto al tostador de la cocina, la cosa ya no me hace tanta gracia. Lo que pasa es que si las veo, no puedo evitarlo. Quiero salvarlas.

25 Es curioso, pero en las entrevistas de la radio mi padre suele decir que lo que más le gusta de su trabajo es el contacto con

---

1 un bicho *despect* animal – **4 entrar** *aquí:* empezar a tener – **5 Conocimiento del Medio** asignatura que incluye *p ej* Biología e Historia – **7 parecido** similar – **9 el caso** cosa, hecho – **10 ser capaz de uc** poder hacer uc – **10 un pisotón** golpe con la base del pie – **10 una hormiga** Ameise – **11 aplastar** deformar uc *p ej* un golpe (zerquetschen) – **12 el sufrimiento** dolor, pena – **12 espantoso** horrible, terrible – **15 el daño** dolor – **16 perseguir** ir detrás de uc o up – **16 un folio** hoja de papel – **17 anormal** tonto – **18 contagiar** transmitir *p ej* una enfermedad – **18 tirar** werfen – **19 una jardinera** caja *p ej* de plástico para plantas y flores – **20 desviar** cambiar, separarse – **22 una miguita** *dim* **miga** trozo muy pequeño de uc – **23 hacer uc gracia** ser divertido – **24 evitar** vermeiden

la gente. Gente normal, gente de la calle. Dice que, aunque cueste creerlo, su trabajo le da la oportunidad de conocer a una cantidad de personas increíble. Que le gusta ver a la gente cara a cara, hablar con ella y ayudarla. Que la gente es maravillosa.
5 Que si no le gustara ayudar a todas y cada una de esas personas que diariamente ha de ver en lugares y momentos muy variados, nunca habría escogido ese trabajo.

La gente se piensa que si tu padre es político se le nota todo el tiempo. Mis amigos creen que mi padre también es político
10 cuando se pone el pijama, se lava los dientes o se tira en el sofá a ver un partido de fútbol. Ser político les parece una cosa tan rara que piensan que uno no puede dejar de serlo en ningún momento. Están convencidos de que mi padre dice las mismas cosas en casa que en las entrevistas de la radio o de la tele. Pero
15 eso no es así.
　Para mí, mi padre es mi padre, eso es evidente, y lo de que sea político o no tampoco cambia tanto las cosas, la verdad. Lo que quiero decir es que cuando mi padre desayuna los sábados por la mañana y me da la charla por haber llegado tarde la
20 noche anterior, yo lo último que pienso es si mi padre es político o fontanero. En realidad lo único que pienso entonces es que mi padre siempre aprovecha el momento de ponerse la mermelada en la tostada para sacar ese tema de conversación, no sé muy bien por qué. Y también pienso que la nueva moda
25 de levantarnos a todos a la misma hora para desayunar juntos los sábados y empezar el fin de semana con buen pie es bastante insoportable.

---

3 **cara a cara** *loc* directamente – 7 **escoger** elegir – 8 **notar** merken – 19 **dar la charla** *coloq* reñir (ausschimpfen) – 21 **un fontanero** Klempner – 22 **aprovechar** usar una oportunidad – 23 **sacar** *aquí:* hablar sobre uc – 26 **con buen pie** bien, de forma positiva

El otro día, mientras tomábamos unos minis en el parque, antes de ir a buscar a las chicas y echarnos unas risas con ellas, me dijo el Abrebotellas que mi padre le parecía un tipo muy enrollado. A mí me pareció algo muy preocupante, porque el
5 Abrebotellas es medio retrasado y lo único meritorio que ha hecho en su vida es abrir botellines de cerveza con los dientes, y así los tiene. Él dice que no se los ha torcido con las chapas sino que los tiene torcidos de nacimiento, lo cual es bastante más grave y explica muy bien por qué su madre decidió no
10 tener más hijos.

Así que el hecho de que mi padre le pareciera un tipo enrollado al Abrebotellas no fue una buena noticia, porque es difícil explicar la clase de gente que al Abrebotellas puede merecerle esa opinión. Es verdad que hay precedentes en esta
15 línea, como su abuelo, que debe de ser un tipo legal, y también el abuelo de Heidi («ya no hay gente como él», me dijo un día), pero también el infeliz de Matemáticas, que por algún motivo le hace tilín y le aprueba siempre a fin de curso, la histérica de su vecina (por ese increíble récord de haber sido la primera
20 en entrar a las rebajas del centro comercial por tercer año consecutivo) y el mismísimo Berlusconi, que, según él, tiene su punto en las cosas que dice.

Me quedé mirándole sin salir de mi asombro y con el mini de sangría en la mano.

25 —Joder, G., que lo digo de coña —me dijo entonces—, solo quería hacerte la pelota para ver si me pasas el mini de una vez

---

1 **un mini** vaso grande, de litro, de bebida alcohólica (para compartir) – 2 **echarse unas risas** *coloq* reírse – 3 **el Abrebotellas** apodo (Flaschenöffner) – 4 **ser enrollado** *Esp coloq* simpático, que cae bien a up – 4 **preocupante** alarmante – 5 **retrasado** *aquí:* tonto – 5 **meritorio** importante, notable – 6 **un botellín** botella pequeña normalmente de cerveza – 7 **torcer** ≠ estar recto – 7 **una chapa** tapa de metal (de botellas) – 14 **merecer** conseguir, lograr, tener – 14 **un precedente** uc igual que ha pasado antes – 15 **legal** en orden, en el que se puede *confiar* (vertrauen) – 17 **infeliz** *coloq* bueno, naíf – 18 **hacer tilín** *Esp loc coloq* gustar, parecer atractivo – 20 **las rebajas** *pl* venta limitada de uc muy barato – 21 **consecutivo** seguido, sin pausa – 21 **mismísimo** en persona – 21 *Silvio* **Berlusconi** 1936, político y empresario italiano – 21 **tener** uc **su punto** *coloq* tener uc especial que gusta – 23 **el asombro** sorpresa – 25 **joder** *interj* expresa fastidio – 25 **la coña** *Esp coloq* broma (Scherz) – 26 **hacer la pelota a** up *Esp loc* jmdm den Hof machen

—y empezó a partirse de risa, para variar. No hay nada que le guste más al Abrebotellas que enseñar sus dientes para afuera a todo bicho viviente, pero es curioso que siempre que se ríe se lleva la mano a la boca para tapársela. Es un acto reflejo que
5   no puede evitar.

—Qué subnormal eres —le dije, y después de dar otro trago le pasé el mini.

Que el Abrebotellas hablara bien de mi padre era preocupante, es cierto, pero reconozco que algo de ilusión sí
10 me hacía. Llega un momento en que me harto un poco de oír siempre las mismas cosas sobre los políticos y sobre mi padre y que alguien diga algo bueno la verdad es que se agradece. Yo soy el primero que pongo a parir a mi padre por su forma de hablar en público y por muchas de sus decisiones y porque
15 haya conseguido parecerse cada vez más al resto de los políticos. Pero una cosa es que lo diga yo e incluso que se lo diga a él, y otra cosa muy distinta es que lo digan los demás.

Afortunadamente la política y mi viejo no son los únicos temas de conversación con mis colegas. Así que cuando el
20 Abrebotellas se acabó el litro dejamos el tema y nos fuimos a buscar a las chicas. Cruzamos la autopista por la pasarela de peatones para ir al bar del hermano de Susana, donde estaban ellas. Entonces al Abrebotellas no se le ocurrió nada mejor que tirar una de sus chapas de cerveza hacia la autopista, por
25 encima de los coches. Me cabreé con él por demente y luego estuvo toda la tarde riéndose de la frase tan ingeniosa que se le ocurrió decir:

—Deja de darme la chapa, chaval.

---

1 **partirse de risa** *coloq* reírse mucho − 1 **para variar** *irón* como siempre − 2 **enseñar** mostrar − 3 **a todo bicho viviente** a todo el mundo − 4 **tapar** poner uc encima para cerrar uc − 6 **subnormal** *despect* tonto − 6 **un trago** Schluck − 9 **reconocer** *admitir* (zugeben) − 10 **hartarse** cansarse − 12 **agradecerse** ser bueno para up − 13 **poner a parir a up** *loc coloq* hablar mal de up − 15 **conseguir** lograr, poder tener − 19 **un colega** *coloq* amigo − 21 **una pasarela** puente para personas − 22 **un peatón** caminante − 23 **ocurrirse uc a up** tener una idea − 25 **cabrearse** *coloq* enfadarse − 28 **dar la chapa a up** *coloq* hablar mucho − 28 **un chaval** chico

La vecina de la casa de al lado es belga y se llama Pauline y es la tía más guapa y misteriosa que he visto en mi vida. Al principio no me gustaba mucho, pero ahora cuanto más la miro más me gusta. Tiene el pelo liso y negro, peinado con raya en medio,

5 con un rollo un poco gótico, pero tiene algo tan dulce y triste en la cara que me encanta. Me pone nervioso. Puedo estarme toda la tarde esperando a que llegue de su clase de baile para verla subir la escalinata exterior de su casa desde mi ventana. A su madre suele hacerle un aspaviento de desprecio como

10 saludo. A mí, cuando me la cruzo en la calle, jamás me saluda ni me dirige la mirada.

Es la historia de un tío de mi edad que una mañana se levanta y descubre algo raro. Internet y el móvil no funcionan, la radio no emite nada y todos los miembros de su familia han

15 desaparecido sin dejar rastro. Así son las primeras páginas del cómic que estoy haciendo. El tipo sale a la calle y todo es todavía más extraño. Están las cosas, los árboles, todo, pero no hay nadie, absolutamente nadie. El tipo tarda poco en descubrir que está solo en la ciudad y probablemente solo en

20 el planeta. No entiende nada. La luz deja pronto de funcionar y el agua de salir del grifo y la historia se convierte entonces en un rollo de supervivencia en una urbanización y una ciudad desiertas. Cuando el tío está más colgado y ya bastante enloquecido, visita la casa de algunos de sus compañeros de

25 colegio, y en la casa de la tía que más le gusta, cotilleando en todas sus cosas, resulta que aparece ella, que también se pensaba que estaba sola en el mundo y llevaba varios días escondida en el sótano de su casa.

4 **peinado** gekämmt – 4 **una raya** línea – 5 **un rollo** *Esp* tema, asunto – 8 **una escalinata** escalera de entrada – 9 **un aspaviento** movimiento excesivo – 9 **el desprecio** indiferencia, sin respeto – 10 **cruzarse a up** encontrarse – 11 **dirigir la mirada** mirar hacia uc – 13 **descubrir** saber uc por primera vez – 14 **emitir** mandar, enviar señales – 15 **el rastro** huella (Spur) – 18 **tardar** necesitar tiempo para uc – 21 **un grifo** Wasserhahn – 22 **una urbanización** grupo de casas – 23 **desierto** ADJ sin gente – 23 **colgado** *Esp coloq* perdido, solo, sin esperanza – 24 **enloquecido** → loco – 25 **cotillear** *Esp coloq* curiosear, mirar uc de otros sin ser visto – 28 **escondido** sin dejarse ver

Bueno, esto todavía no lo he dibujado, pero me lo imagino bastante bien. Luego ya no sé muy bien qué es lo que haré.

Los lunes mi madre tiene una tertulia con amigos. Se reúnen en el salón y hablan de literatura o de pintura o a
5 veces también de política. Mi padre dice que mi madre hace muy bien en organizarse su propia agenda. Dice que es muy bueno para ella, como también lo ha sido empezar a trabajar por las mañanas. Los lunes que mi madre tiene tertulia, mi padre aprovecha para quedarse más tiempo en la Consejería.
10 Normalmente llega a casa cuando la tertulia ya ha terminado.
Me llega lejanamente el sonido de las voces en el piso de abajo mientras estudio el examen de Historia que tengo el miércoles. Mi profesor de historia es más raro que un perro verde pero me gusta cómo da la clase. Siempre dice que la
15 historia no es una historieta. Que cada una de las cosas que han pasado en la historia tiene un porqué. Y que más que la sucesión de acontecimientos le interesa que entendamos por qué han ocurrido esos acontecimientos. Dice que si somos capaces de comprender eso seremos capaces de comprender qué
20 cosas pueden suceder en el futuro.
A la hora de cenar bajo a la cocina. Javier está cenando con Luisa, la chica dominicana que viene a casa las noches que mi madre tiene tertulia o cuando mis padres salen por ahí. Pongo mi cena en una bandeja y me subo a la habitación con ella. Lo
25 de cenar solo en mi habitación es bastante raro, pero me gusta. Abro el trozo de pan y meto los filetes rusos dentro. Me como el bocata de pie, mirando por la ventana. Una polilla revolotea al otro lado del cristal y no deja de chocar con él. Apago la luz

---

3 **una tertulia** reunión de up para hablar de intereses comunes – 6 **una agenda** citas, horario – 9 **la Consejería** de *Medioambiente* Umweltministerium – 15 **una historieta** cómic – 17 **una sucesión** uc después de otra cosa – 17 **un acontecimiento** suceso, uc importante que pasa – 18 **ocurrir** pasar – 24 **una bandeja** Tablett – 26 **un filete ruso** tipo de hamburguesa rebozado – 27 **un bocata** *Esp coloq* bocadillo – 27 **una polilla** Motte – 27 **revolotear** volar con giros rápidos (flattern) – 28 **chocar** darse golpes – 28 **apagar** ausmachen

para que se vaya, aunque me cuesta creer que la polilla sienta mucho dolor cada vez que se choca contra el cristal. Comer a oscuras, coger el vaso de agua a oscuras, mirar por la ventana a oscuras tiene algo prohibido que me gusta. Pienso que a
5 Pauline, la vecina belga de la casa de al lado, debe de pasarle algo parecido.

En el foro de Internet de mi clase hay alguien que se dedica a meterse conmigo y con mi padre. Firma como «Eva», pero yo estoy convencido de que es un tío, aunque no tengo ni idea de
10 quién puede ser en concreto. El foro este lo crearon Carolina y Silvia, dos chicas de clase que decían que el Tuenti era muy limitado para mantener conversaciones entre todos. Lo malo de su foro es que tampoco hay manera de detectar a los intrusos, aunque habitualmente lo usamos siempre los mismos.
15 Tampoco me preocupa demasiado que la tal «Eva» se meta conmigo y con mi padre, la verdad. Sea quien sea, no tiene ningún respaldo y ni siquiera se atreve a dar la cara con su nombre de verdad. Aparece de tarde en tarde, pone un par de estupideces y se calla. Yo nunca le he respondido desde
20 mi identidad, porque estoy convencido de que eso es lo que quiere. Me parece mucho mejor ignorarlo, no hacer ni caso a sus comentarios, como si no pasara nada. Eso sí, a veces le respondo con nombres falsos. Hoy por ejemplo le he puesto: «Eva, te espero en la puerta de tu casa a las once, si miras
25 por tu ventana me verás con el bate de béisbol, imbécil». He firmado como «Pocoyó».

---

2 **a oscuras** *loc* sin luz – 8 **meterse con** up insultar, molestar a up – 8 **firmar** escribir el nombre – 11 **Tuenti** red social española – 12 **mantener** tener uc durante un tiempo – 13 **detectar** encontrar, notar – 13 **un intruso** extraño, up que no forma parte del grupo – 17 **un respaldo** *fig* apoyo moral, ayuda – 17 **ni siquiera** tampoco (noch nicht einmal) – 17 **atreverse** tener el valor para hacer uc – 17 **dar la cara** *loc* enfrentarse, *aquí:* decir quién es – 18 **de tarde en tarde** *loc* cada mucho tiempo – 19 **una estupidez** tontería – 19 **callar** ≠ hablar – 21 **no hacer ni caso** *coloq* no mostrar interés – 25 **un bate** palo para golpear una pelota – 26 **Pocoyó** personaje infantil de televisión

Javier sale del cuarto de baño y se mete en su habitación. Voy un rato con él. Me habla de su último partido de fútbol con el equipo del colegio. Javier tiene diez años.

—Enano, no me des más detalles porque odio el fútbol, ya
5 lo sabes.

—Gerardo, hoy he visto a Luque morreándose con Virginia —me dice. Le encanta decirme estas cosas para ver cómo reacciono yo.

—Me parece muy bien, yo también los he visto, están
10 saliendo.

—¿Ya no van con vosotros?

—Sí, a veces sí, y a veces no.

—¿A ti te gusta Virginia o no?

—No, enano, no me gusta Virginia, ¿y a ti?
15 —Psa. Pero ¿tú te has morreado alguna vez con alguien?

—¿Otra vez con esto? ¡Qué obsesión!

Javier se ríe, un poco cortado, pero su perseverancia no tiene límites.

—Si te hubieras morreado con alguien, me lo habrías
20 contado.

—Eso es lo que tú crees —le digo, y cambio ya de una vez de tema—. Una cosa, enano, si tú una mañana te levantaras y no encontraras a nadie y descubrieras que estabas completamente solo en la Tierra, ¿qué creerías que habría pasado?, ¿dónde
25 pensarías que se habría metido todo el mundo?

—Habrían entrado en una dimensión Beta, un universo paralelo en el que todo el mundo estaría buscándome como loco. Yo lo que haría sería dedicarme a buscar la manera de acceder a ese universo paralelo.
30 Me lo temía. Lo de Javier, con su cultura de videojuego cien veces superior a la mía, es exagerado, pero creo que cualquiera que leyera mi cómic pensaría en un rollo de ciencia ficción de

---

1 **un cuarto** habitación – 4 **un enano** *fam* hombre pequeño – 6 **morrearse con up**
Esp coloq darse un beso con lengua – 16 **una obsesión** Besessenheit – 17 **cortado**
vergonzoso – 17 **la perseverancia** constancia, mantenimiento de una actitud –
25 **meterse** *aquí:* irse, guardarse – 28 **dedicarse** usar el tiempo en uc – 29 **acceder**
entrar, llegar hasta un lugar – 30 **temerse uc** suponer, esperar

ese estilo, y a mí eso no me interesa. A mí en realidad no me importa dónde se ha metido todo el mundo, lo que me importa es la historia de ese chico y esa chica que se encuentran y solo se tienen a sí mismos en medio de un planeta gigantesco.

5 Vuelvo a mi habitación. Los amigos de mi madre hablan de un escritor que toda la vida ha sido de izquierdas y en las últimas elecciones ha apoyado a la derecha. A unos les parece fatal, una pura manera de hacerse notar, y a otros les parece que el escritor está en su derecho a cambiar de opinión o a 10 considerar que el partido que más cerca está de sus ideales ha pasado a ser otro.

Oigo que mi madre sube las escaleras. Entra a darle las buenas noches a Javier y luego viene a mi habitación, con su tranquilidad de siempre. Me da un beso y me dice que deje ya 15 el cómic y me acueste, que tengo que descansar por las noches. Huele a tabaco, aunque ella no fuma. Antes de irse, me dice:

—Ya sabes que si un día te apetece bajar a la tertulia, aunque solo sea a escuchar, nosotros encantados.

—Vale, mamá, gracias —aunque realmente no es una 20 posibilidad que me apetezca demasiado. Creo que me sentiría como un bicho extraño observado por todos.

Mi madre se baja. Al llegar a la mitad de la escalera se cuela por un extraño agujero de la pared y se mete en la dimensión Beta. Luego sus amigos de la tertulia van a buscarla y acaban 25 todos en el mismo lugar.

Leo en la cama la novela Territorio comanche, de Arturo Pérez-Reverte, que me regaló mi padrino. Es la historia de dos corresponsales en la guerra de Bosnia. Me gusta bastante. Todo

---

7 **apoyar** dar su ayuda, *aquí: votar* (wählen) – 10 **considerar** pensar, creer – 16 **huele** → oler – 17 **apetecer** uc tener ganas de uc – 21 **un bicho** *aquí:* ser, persona – 22 **colarse** *coloq* entrar en un lugar (sin permiso) – 23 **un agujero** Loch – 26 *Territorio comanche* (1994) novela sobre el conflicto en la antigua Yugoslavia – 26 **Arturo Pérez-Reverte** (1951) escritor, periodista y reportero en conflictos de guerra – 27 **un padrino** Patenonkel – 28 **un corresponsal** reportero que envía noticias actuales a televisiones o periódicos – 28 **Guerra de Bosnia** (1992-1995) entre serbios y croatas

lo que rodea a las guerras es asqueroso, también los periodistas que van a cubrirlas o los políticos que van a hacerse la foto con chaleco antibalas. Leo una frase que me impresiona: «La bala que te mata es la que no oyes pasar… La bala que te mata es la que se queda contigo sin decir aquí estoy». No puedo dejar de darle vueltas, ni cuando apago la luz. Esa bala que llega a tu cuerpo mucho antes que su propio sonido. Es lo que se llama llegar sin avisar.

Mi padre sí ha hecho ruido al llegar a casa. Oigo su coche en el garaje. En los últimos tres años, desde que le hicieron consejero de Medio Ambiente, hemos visto mucho menos a mi padre. Supongo que a mí no me importa gran cosa, aunque reconozco que lo de darle la tabarra y llevarle la contraria en temas de política o de lo que sea me gusta bastante. Pero a quien sí que le importa es a mi madre. Dice que con ese horario y ese ritmo de trabajo mi padre ayuda mucho a todo el mundo, como a él le gusta, pero poco a sus hijos. Está claro que cuando dice eso, mi madre piensa sobre todo en Javier, mi hermano, porque yo he tenido más años, así lo dice ella, para disfrutar de mi padre. Y tiene razón. Sea como sea, mi padre trata de resarcirse durante los fines de semana. Se preocupa por nosotros, nos interroga, la mitad del tiempo intenta adoctrinarnos y la otra mitad agradarnos. Pero con ninguna de las dos cosas resulta natural.

Últimamente mi padre y yo pasamos la mayor parte del tiempo que estamos juntos discutiendo. Por lo que sea, por cualquier cosa. Mi madre no entiende que nos ocurra esto. Dice que discutir es nuestro deporte favorito, pero que le gustaba más cuando yo mostraba la admiración a mi padre

---

1 **rodear** estar alrededor – 1 **asqueroso** Ekelhaft – 2 **cubrir uc** *aquí:* informar sobre uc – 3 **un chaleco antibalas** chaqueta sin brazos que protege – 3 **una bala** Gewehrkugel – 8 **avisar** decir uc antes de que pase – 11 **un consejero** up que organiza y dirige un departamento de gobierno de una comunidad autónoma – 12 **gran cosa** *aquí:* mucho – 13 **dar la tabarra a up** *Esp* molestar – 13 **llevar la contraria a up** opinar lo contrario – 20 **disfrutar de up** *aquí:* estar más tiempo con up – 21 **resarcirse** reparar un daño, compensar la falta de uc – 22 **interrogar** preguntar mucho – 23 **adoctrinar** dar lecciones – 29 **la admiración** Bewunderung

de otra manera. Ahora a mi padre le gusta llamarme «jefe de la oposición».

Es evidente que desde el punto de vista de mi padre siempre ha existido algo especial que nos une a los dos, a él y a mí. No es que lo diga así, pero casi. Lo deja entrever con bastante descaro. El hecho de ser el mayor y de sacarle seis años a Javier hace que mi padre me trate de manera distinta. A veces bromea con mi madre y habla del «cauce entre primogénitos» que nos conecta, del que mi madre, que es la pequeña en su familia, queda excluida. Está convencido de que por debajo de cualquier circunstancia que nos aleje o nos haga discutir existirá siempre un entendimiento especial entre nosotros, la certeza de que nunca nos fallaremos. No lo sé. Puede que en esto tenga razón. Pero creo que estas cosas es mejor no decirlas ni hacerlas ver. Ni siquiera pensarlas. Se estropean. Es como si dejaran de ser ciertas, o como si uno quisiera que dejaran de ser ciertas.

Oigo que mi padre está hablando con mi madre en el salón. Hace rato que se marcharon los amigos de mi madre.

Entro al cole y todo el mundo me habla de la cara de sueño que traigo. Es así, siempre me ha ocurrido, desde que era pequeño. Las mejillas y los ojos se me hinchan por la mañana y llevo una cara de sueño espantosa durante mucho tiempo, aunque haya dormido fenomenal y ya no tenga realmente nada de sueño.

Sandra me señala desde la puerta de su clase, se ríe y me dice:

—Qué cara de sueño tienes, tío.

Está ella sola. De todas las chicas que vienen con nosotros o que van al bar del hermano de Susana, Sandra es con

---

5 **entrever** *fig* intuir, imaginar – 6 **descaro** desvergüenza, *aquí:* notándose mucho – 6 **sacar años a up** tener más años que up – 7 **tratar a up** actuar, comportarse con up – 8 **bromear** hacer *bromas* (Scherz) – 8 **un cauce** *aquí:* unión – 8 **un primogénito** primer hijo – 13 **una certeza** seguridad (de que uc es cierto) – 13 **fallar a up** ≠ apoyar – 15 **estropearse** ≠ funcionar – 20 **cole** *coloq* colegio – 20 **de sueño** de cansado – 22 **una mejilla** Wange – 22 **hinchar** aumentar de tamaño

diferencia la que más me gusta. Estuve bastante colado por ella el año pasado. Creo que es una tía muy legal y muy lista, pero una vez nos tocó darnos un pico jugando a la botella y ella estuvo como fría, yo qué sé, creo que no le apetecía ni lo más 5 mínimo. Luego tuve la sensación de que me rehuía, aunque a lo mejor era paranoia mía. La verdad es que no soy muy bueno para estas cosas y nunca llego a saber lo que piensan las chicas de mí. Ahora me he relajado bastante con ella, pero basta que un día esté un poco simpática conmigo para que de nuevo me 10 quede colgado y no pueda quitármela de la cabeza.

—Ya —le digo—, pero no tengo sueño. Me pasa siempre.

—Pues parece que acabas de salir de la cama.

Pienso en hacer algún chiste pero no se me ocurre, joder, algo de la cama, de «ya te gustaría a ti verme salir de la cama» o 15 algo así, aunque no doy con ello.

Es lamentable, pero trago saliva, empiezo a andar y digo:

—Me voy a mi clase —eso es lo más ingenioso que se me ha ocurrido.

Y luego durante la mañana intento por todos los medios 20 pensar en otras chicas y olvidarme de Sandra. Entre el resto de las tías del colegio la que más me gusta es una mayor que yo, de segundo de bachillerato. No he hablado con ella en mi vida, pero siempre me sonríe cuando me ve, porque una vez la ayudé a recoger los cigarrillos que se le cayeron de una cajita 25 metálica en la puerta de los baños. A lo mejor un día le entro y le regalo un mechero o algo así, o me hago el sueco y le pregunto cuál es el baño de fumadores.

---

1 **colado** *Esp coloq* enamorado – 2 **listo** inteligente – 3 **un pico** *coloq* beso – 10 **quedarse colgado** *coloq* enamorarse – 13 **un chiste** broma – 15 **dar con uc** ocurrírsele uc a up, tener la idea – 16 **lamentable** triste, penoso – 16 **tragar** schlucken – 16 **la saliva** agua que produce la boca – 19 **por todos los medios** de cualquier forma, sea como sea – 22 **el bachillerato** cursos entre la ESO y la universidad – 24 **recoger** tomar uc *p ej* del suelo – 25 **entrarle a up** *coloq* intentar ligar con up (anbaggern) – 26 **un mechero** Feuerzeug – 26 **hacerse el sueco** *Esp loc coloq* hacer como si no se entiende

Cuando el partido de mi padre ganó las elecciones yo tenía trece años y me dio un subidón que no es normal. Más que una victoria electoral de mi padre y su partido parecía una victoria electoral mía. Parecía que era yo el que me había presentado a

5 las elecciones y el que iba a tener cuatro años por delante para hacer las cosas bien desde el gobierno de la Comunidad y para demostrarle a la gente que no se había equivocado al votarme. Así que me sentí orgullosísimo de mi padre. Estaba convencido de que iba a ser el mejor gobernante del mundo.

10 Ahora no veo las cosas exactamente de la misma manera. Tampoco mi padre tiene ya la misma ilusión que cuando empezó. No lo reconoce, pero está claro que le frustra encontrar tantas barreras para hacer la política que había imaginado. Creo que en nuestra casa fuimos todos tan ingenuos de creer

15 que era posible arreglar las cosas en dos días. Pero luego eso no ha resultado tan fácil, claro. Lo que me fastidia es que mi viejo siga negándose a reconocerlo. «No hay labor más noble que la política». Me pongo enfermo cuando le oigo decir esas cosas. Estoy seguro de que ya no se las cree y de que todo sería

20 mucho mejor si no las dijera.

Mi padre se enciende tras el postre uno de esos puritos alargados que solo fuma por las noches. Hoy ha llegado pronto a casa, aunque sea martes. Hemos oído la puerta del garaje y el coche cuando estábamos empezando a cenar, y Javier ha

25 bajado al garaje a una velocidad tal que si hubiera récord del mundo de descenso de escaleras seguro que lo habría batido. La cena ha resultado bastante agradable, porque mi padre estaba especialmente relajado y ha sido capaz de olvidarse de nosotros y de tratarnos como personas normales que estamos

30 sentadas a la misma mesa que él.

---

1 **unas elecciones** *pl* Wahlen – 2 **un subidón** *coloq* gran alegría – 7 **demostrar** probar, justificar – 7 **equivocarse** hacer un error – 14 **ingenuo** naíf – 15 **arreglar** solucionar – 17 **negarse** no querer, ≠ admitir – 17 **una labor** trabajo – 17 **noble** ilustre – 18 **ponerse enfermo** *fig coloq* enfadarse, parecer mal uc – 21 **encender** ≠ apagar – 21 **un purito** habano delgado – 22 **alargado** → largo – 25 **la velocidad** rapidez – 26 **un descenso** bajada – 26 **batir** *superar* (überwinden) uc – 28 **relajado** tranquilo

Es verdad que nos ha preguntado qué tal en el colegio y alguna cosa más de ese estilo, pero luego ha contado cosas de su trabajo, de la política del agua, y ha sabido desconectar del rollo paternalista.

5 Echa el humo hacia el techo y le digo:

—Tu Medio Ambiente lo cuidas muy bien, pero el otro medio hay que ver cómo lo dejas —aunque la verdad es que a mí el humo no me molesta para nada.

Mi padre sonríe, sin dejar de fumar. Desde que entró en el 10 gobierno autonómico, su barba, que cada vez es más blanca, es también cada vez más corta. Algunos días, cuando se la recorta, apenas se ve. A mí me gustaba más la barba poblada que tenía antes.

—A continuación tiene la palabra el jefe de la oposición.

15 —Vale, papá.

—No, venga, ataca, que lo estoy esperando. Hoy estás muy callado. ¿No vas a hablarme de los incendios, de las carreteras, del cambio climático? ¿Qué pasa con lo del agua? ¿Qué te parece lo que os he contado? ¿Estás de acuerdo con el 20 programa de concienciación para el ahorro?

—Pues no.

—Bien.

—Vale, papá, si te pones en plan irónico me callo y punto.

—Está bien —dice mi padre, y Javier se ríe y eso me aumenta 25 las ganas de hablar.

—El otro día discutimos esto en clase de Filosofía. Mi opinión es que resulta ridículo gastarse el dinero en campañas de concienciación. Lo único que conciencia a la gente es cortarle el agua.

---

3 **desconectar** separarse, ≠ tener contacto o relación – 5 **echar** sacar, soltar – 5 **el humo** Rauch – 8 **para nada** de ninguna manera, claro que no – 12 **recortar** eliminar lo que sobre de uc – 12 **poblado** mucha cantidad de uc *aquí*: de pelo – 17 **callado** que no habla (mucho) – 17 **un incendio** fuego grande inesperado – 20 **la concienciación** sensibilización – 20 **el ahorro** Ersparnis – 23 **ponerse en plan irónico** hablar con ironía – 27 **ridículo** tonto, sin sentido

—No se puede cortar el agua alegremente, G.

—Vale, pues que la gente llene las piscinas y riegue el jardín todo el rato, barra libre —no me gusta mucho que mi padre me llame G., tal como hacen mis amigos, pero que lo haga en este
5 tipo de conversaciones me pone de los nervios.

—No es eso. Lo importante es usar bien el agua. Regar o llenar la piscina está prohibido y quien lo haga puede ser multado.

—Cierra el grifo, papá, haz cortes de agua desde ya, vas a ver
10 qué rápido aprende la gente.

—Pero, hijo, mira que eres cabezota. No se puede quitar el agua como medida de prevención. Se quitará cuando se agote, pero antes no, no tiene sentido. Es como si hay escasez de antibióticos y decides dejar de darlos a los enfermos para
15 evitar que se gasten.

—¡No es lo mismo! —digo, llevándome las manos a la cabeza—, ¡qué demagogo eres!

—El agua es una necesidad básica. Explícale tú al ciudadano que le cortas el grifo ahora para evitar tener que cortárselo en
20 verano, ¿no te das cuenta?

—No, se lo cortas para concienciarle, exclusivamente, y solo durante unas horas al día.

—Vale. Imagínate, imagínate que mañana mismo hubiera cortes de agua, ¿sabes lo que pasaría?

25 —Sí, que ahorraríamos agua, que el agua que tenemos duraría más y sobre todo, que la gente se daría cuenta de que no puede derrocharla como la derrocha ahora.

—De acuerdo, aceptemos que puede ser así. Pero mucho antes que todo eso, ocurriría otra cosa bien distinta: que
30 todo el mundo se me echaría encima, que se organizaría una

---

1 **alegre** *aquí:* fácil – 2 **regar** gießen – 3 **todo el rato** continuamente – 3 **la barra libre** sin límites *p ej* de bebidas – 5 **poner uc de los nervios** molestar, fastidiar – 8 **multado** bestraft – 9 **un corte** bloqueo, cierre – 11 **cabezota** *Esp* up que no cambia de opinión fácilmente – 13 **agotarse** terminarse, acabarse – 13 **la escasez** falta de uc – 16 **llevarse las manos a la cabeza** para mostrar indignación o susto – 17 **un demagogo** up que manipula con palabras para convencer – 19 **cortar el grifo** *fig* dejar sin agua – 27 **derrochar** gastar sin control – 30 **echarse encima a up** *fig* protestar

terrible campaña en mi contra por cortar el agua en Semana Santa, que me reprocharían, a mí, como principal responsable de la gestión del agua de la Comunidad, no haber sido capaz de prever esta situación y de crear medidas para evitarla. Y

5 tendrían razón. Porque lo normal es haber agotado primero cualquier otra posibilidad antes de llegar a una medida tan drástica.

—O sea que lo importante no es el agua, sino lo que piense la gente de tu gestión.

10 —Si eso es lo que tú crees, es evidente que no estamos de acuerdo.

—Pues no.

Nos quedamos un momento en silencio. Mi padre apaga el purito en el cenicero.

15 —Ay, si todo el mundo tuviera tus dieciséis años… —dice.

—El mundo sería mejor.

—Puede que sí. Lo malo es que cuando tienes cuarenta y cinco ves las cosas de otra manera.

—Has dejado atrás el idealismo, ¿verdad?, y te has convertido

20 en realista —digo esta palabra con cierto desprecio. Mi padre suele decir que las facultades de Ciencias Políticas están llenas de idealistas, pero que lo que necesitan los ministerios y las consejerías son personas realistas.

—Ser realista es una virtud —dice entonces mi padre.

25 —A lo mejor sí. Pero no veo por qué no se puede ser idealista y realista a la vez.

—Porque no.

—Lo contrario de idealista no es realista, lo contrario es egoísta y fatalista.

30 —Como yo, ¿verdad? —dice mi padre y se levanta. Yo no le respondo—. Espero que seas tan sumamente idealista en todos los terrenos de tu vida.

---

2 **reprochar** vorwerfen – 3 **la gestión de uc** organización, control – 4 **prever** imaginarse lo que va a pasar – 4 **una medida** Maßnahme – 14 **un cenicero** Aschenbecher – 20 **cierto + SUST** indica uc inconcreta – 24 **una virtud** buena cualidad – 31 **sumo** muy – 32 **un terreno** *fig* campo, aspectos

No sé muy bien qué quiere decir mi padre con eso, pero puedo imaginármelo. Que si botellón, que si tren de vida, que si la paga semanal, que si patatín, que si patatán.

El ambiente está animado en el foro de Internet del colegio. Por lo que se ve ni dios tiene ganas de estudiar el examen de Historia. Hablan de la quedada del sábado, de hacer un fiestón en el bar del hermano de Susana porque al siguiente finde ya habrá estampida por las vacaciones de Semana Santa. Yo tampoco tengo malditas las ganas de estudiar. «Sábado sabadito, ¿dónde estás? —tecleo—. Yo me apunto al fiestón. ¿Sabéis lo que me apetece, tíos? Me apetece que hagamos la ola, que nos juntemos mazo de gente y hagamos la ola y le preguntemos a todo el mundo que veamos si quiere hacer la ola con nosotros».

Por algún motivo los mails del Abrebotellas me entran siempre en la carpeta de correo no deseado. Me manda una noticia de una web absurda donde se dice que la gallina es la única hembra del reino animal que nunca rechaza al macho y que los gallos pueden hacerlo con veinticinco o treinta gallinas el mismo día. Al Abrebotellas le encantan estas cosas. Dice que lo más meritorio es que a los gallos todavía les queden ganas de despertar a toda la banda el día siguiente. Luego dice que en su próxima reencarnación él quiere ser gallo. Me imagino un gallo con los dientes para fuera, pero no me hace especial gracia. No le respondo. Me tumbo en la cama.

Un rato después mi padre y Javier gritan gol y dan saltos y corren por el salón.

2 **un tren** *aquí:* ritmo – 3 **una paga** dinero para gastar (dado por los padres) – 3 **que si patatín y que patatán** que si esto o lo otro, expresa hablar de cosas poco importantes – 4 **animado** alegre, con gente – 5 **ni dios** *coloq* nadie – 6 **una quedada** cita (→ quedar) – 8 **un finde** fin de semana – 8 **una estampida** huida – 9 **maldito** verdammt – 10 **teclear** escribir en el ordenador (tippen) – 10 **apuntarse** animarse a hacer uc – 11 **hacer la ola** levantar las manos uno detrás de otro en fila – 12 **juntarse** reunirse – 12 **mazo (de)** *coloq* mucho – 16 **una carpeta** *infor* Ordner – 17 **una gallina** Henne – 18 **una hembra** animal femenino – 18 **rechazar** ≠ aceptar – 19 **hacerlo** *aquí:* tener relaciones sexuales – 22 **una banda** *coloq* gente – 25 **tumbarse** echarse, acostarse

Si te vienes conmigo, Sandra, te invito a la dimensión Beta, que esto está petado.

Mi padre está especialmente alegre, no sé por qué. Ha decidido que esta mañana nos lleva en coche. Habitualmente él sale de
5 casa bastante antes que nosotros, pero hoy no. A decir verdad yo preferiría ir andando como siempre, no tengo ganas de dar la nota en la puerta del cole, pero no quiero ser tan borde con mi padre.

Ha desayunado de pie, con la corbata enganchada a la
10 solapa de la chaqueta con una pinza de tender la ropa, y completamente doblado hacia delante cuando mojaba las magdalenas en el café.

En el caminillo de piedra que va hacia la puerta de la calle Javier está mirando uno de esos escarabajos rojos que
15 últimamente invaden el jardín. Son muy pequeños y parecen mariquitas, aunque un poco más alargados.

—Vamos, chicos —dice mi padre al salir, y pisa al bicho sin darse cuenta.

Veo el gesto de conmoción en Javier, pero no se atreve a
20 decir nada. Me mira.

—No me importa —dice.

—A mí tampoco —le digo, pero pienso en lo fácil que habría sido cambiar el destino del escarabajo.

Luego, ya de camino en el coche, como estamos todos
25 callados, digo:

—En las películas americanas los padres y los hijos siempre tienen conversaciones trascendentales en el coche camino del colegio, ¿qué vas a contarnos hoy, papá?

2 **petado** *Esp coloq* lleno – 6 **dar la nota** *loc coloq* hacerse notar, actuar de forma diferente – 7 **borde** *Esp coloq* impertinente, antipático – 9 **enganchado** cogido, sujeto – 10 **una solapa** parte de *p ej* una chaqueta doblada hacia afuera (Aufschlag) – 10 **una pinza** pieza *p ej* de madera para colgar la ropa – 10 **tender** colgar – 11 **mojar** meter uc en un líquido – 12 **una magdalena** bollo o pastel pequeño – 14 **un escarabajo** Käfer – 15 **invadir** llenar, ocupar – 16 **una mariquita** Marienkäfer – 17 **pisar** poner el pie sobre uc – 19 **la conmoción** susto, desagrado – 23 **el destino** *aquí:* final

—Pues no se me ocurre nada muy trascendental, hijo —dice mi padre sonriendo.

—Papá —dice entonces Javier—, ¿cuándo vas a tener un escolta?

5 —Tengo escoltas, Javier, pero me niego a tener a alguien siguiéndome las veinticuatro horas del día. Ya te lo he explicado muchas veces.

Nos despedimos en la puerta del colegio. Mi padre me desea suerte en el examen de Historia. Me sorprende que se haya
10 enterado.

Si le echara un par de huevos le diría a Sandra: «Tengo cara de sueño, ¿verdad? Es porque llevo toda la noche pensando en ti». Pero hoy Sandra no está en la puerta de su clase. Da igual, no creo que me hubiera atrevido a decírselo.

15 Cuando entro en clase, el Abrebotellas me dice.

—Qué cara de sueño tienes, tío.

—Sí, es que llevo toda la noche pensando en ti, anormal.

Al Abrebotellas le da un ataque de risa. Luego empieza a marearme con los ejercicios de matemáticas que tengo que
20 dejarle.

En el recreo, justo antes del examen, estudio en el patio con Damián y con Nacho Felguera. Se acerca un chaval de tercero acompañado por un grupo de amiguitos.

—Hay un escándalo con tu padre, de corrupción, lo están
25 diciendo todas las radios —el chico tiene una sonrisa de oreja a oreja. Al parecer nada puede hacerle más feliz que darme una primicia así.

—¿Mi padre? —digo, bastante tranquilo—. Me parece que eso no es posible.

30 El chico me dice que se lo ha contado su madre, que acaba de llamarle. Le digo que no pasa nada, que esas son cosas de

---

4 **un escolta** up que protege a up – 9 **enterarse** darse cuenta, saber uc – 11 **echar up
un par de huevos** *coloq* tener el valor de hacer uc – 19 **marear a up** molestar, enfadar –
21 **un recreo** pausa – 27 **una primicia** noticia exclusiva

los periodistas, que siempre están lanzando bulos hacia todos los lados a ver si alguna vez aciertan.

Antes de que pueda pensar o decir nada más se acercan otros chicos y chicas de mi clase a decirme exactamente lo mismo.

5 Es decir: escándalo, corrupción, radio, escándalo, corrupción, radio, escándalo, corrupción, radio.

—¿Mi padre?

He llamado a mi madre, pero no puedo hablar con ella ni en casa ni en el móvil. He hecho el peor examen de Historia que

10 pueda imaginarse. No era capaz de concentrarme.

Pincho me deja su móvil con radio para que pueda oír las noticias. Lo oigo, lo dicen, escándalo de corrupción, consejero de Medio Ambiente de la Comunidad, Gerardo Gil-Matías, investigación periodística de esta emisora, cobros de

15 comisiones ilegales, gestión del agua… Pincho me quita el móvil y me dice que me estoy poniendo muy pálido. ¿Qué está pasando? ¿Qué clase de patraña es esa que están contando en la radio?

Paso de decirle nada a la jefa de estudios o al conserje.

20 Me voy a casa. En el trayecto soy incapaz de pensar. Es una increíble mañana primaveral. Hay algo de aire, las hojas de los árboles se mueven, y sus sombras sobre el asfalto también. Solo soy capaz de ver y sentir. Como si llevara los ojos muy abiertos, tanto que en el cerebro no hubiera espacio para más.

25 Oigo una segadora y me llega el olor del césped recién cortado. Me recuerda a otras épocas de mi vida, la llegada de la primavera, del verano, del buen tiempo. Creo que nunca había sentido una nostalgia tan fuerte por algo.

1 **lanzar** *aquí:* decir – 1 **un bulo** mentira – 2 **acertar** tener razón, ser verdad uc – 14 **una emisora** canal (Sendung) – 14 **un cobro** pago, recepción de dinero – 16 **pálido** blanco, sin color – 17 **una patraña** mentira – 19 **pasar de uc** mostrar desinterés, ≠ participar – 19 **un jefe de estudios** up que coordina actividades de alumnos y profesores – 19 **un conserje** up que cuida un lugar *p ej* limpieza, apertura, cierre… – 22 **una sombra** Schatten – 24 **un cerebro** Gehirn – 25 **una segadora** máquina para cortar el *césped* (Rasen)

Delante de casa hay un coche de policía y dos o tres coches más que, supongo, son de periodistas. Meto la llave en la puerta exterior y noto cierta agitación a mis espaldas. Pero cierro la puerta sin darme la vuelta. Mi madre está hablando
5 con el inalámbrico, caminando de un extremo al otro del salón, nerviosa. Cuelga en cuanto me ve.

—Te has enterado, claro —dice.

—Pero ¿qué ha pasado?

Mi madre me coge de la mano. Parece muy afectada.

10 —Han ido a por tu padre. Estaba claro que algo tenían que inventarse para frenar su carrera.

—¿Has hablado con él?

—Claro que sí, son unos miserables, hijo, este es un país miserable.

15 La actitud y nerviosismo de mi madre me hacen pensar que el asunto es más grave todavía de lo que yo creía.

—Joder, mamá, pero papá es inocente, habrá que demostrarlo y ya está.

—Por supuesto que sí, hijo.

20 Me suelta la mano y deja que su mirada se pierda en algún lugar indeterminado del salón.

Paso mucho rato mirando por la ventana de mi habitación. El número de coches que esperan delante de casa va aumentando a lo largo de la tarde. Me pregunto cuál será la cara con la que
25 mi padre regresará a casa esta noche, si será distinta a la del resto de los días, si conservará la entereza, si estará abatido o simplemente agotado. Tengo la sensación de que hasta que no le vea la cara no entenderé bien qué está pasando. Necesito ver

---

3 **la agitación** movimiento, intranquilidad – 5 *un teléfono* **inalámbrico** sin cable –
9 **afectado** sentido, que produce un efecto negativo – 10 **ir a por up** *fig* perseguir,
atacar a up por hacer uc mal – 11 **inventarse uc** imaginarse, pensar uc (que es
mentira) – 11 **frenar** *fig* ≠ dejar seguir – 13 **miserable** mala gente, sin valor – 15 **una
actitud** forma de actuar comportarse – 26 **la entereza** firmeza (Charakterfestigkeit) –
26 **abatido** triste – 27 **agotado** muy cansado

a mi padre, creo que hacía mucho tiempo que no tenía tantas ganas de estar con él.

He cometido el error fatal de mirar lo que se comentaba en Internet sobre el tema, pero he tenido que dejarlo enseguida. 5 Siento el asco, un asco inmenso hacia toda esa gente que ya está insultando a mi padre sin parar, como si realmente supieran algo de lo que ha pasado.

Cerca de las siete Pauline pasa esquivando los coches que hay delante de casa. No los mira, no se inmuta, va a su aire con 10 sus cascos. Es estupendo que haya gente como Pauline.

Después de que la chica haya descubierto al chico cotilleando por su casa y se haya dado cuenta de que era él y le haya abrazado durante diez minutos porque pensaba que estaba sola en el mundo, los dos empiezan a vivir juntos en 15 la casa de ella, porque ella no se atreve a salir de allí. Poco a poco a la chica se le va pasando el miedo y los dos aprenden a organizarse bastante bien en la casa. Rápidamente se adaptan al horario del sol para aprovechar al máximo las horas de luz. A pesar de que usan linternas, ella sigue teniendo mucho 20 miedo por la noche y duerme abrazada a él en la cama de los padres de ella, aunque de momento no se han liado ni nada así. Se lavan con el agua de la piscina, a la que él de vez en cuando echa pastillas de cloro, y todas las mañanas él sale a conseguir comida en la despensa de las casas de alrededor. Es 25 un trabajo que no le gusta del todo, porque sabe que igual que se encontró a la chica podría encontrarse con cualquier otra persona menos amigable, pero no le queda más remedio que hacerlo. Siempre que regresa a casa teme que la chica haya desaparecido también. Se da cuenta de que eso sí que no podría

3 **cometer** realizar, hacer – 5 **el asco** Ekel – 8 **esquivar** rodear uc para no chocar – 9 **inmutarse** no cambiar de actitud – 10 **unos cascos** *Esp pl* auriculares (Hörer) – 19 **una linterna** lámpara de bolsillo – 21 **liarse con up** *Esp* tener sexo – 23 **echar** poner – 24 **una despensa** lugar donde se guarda comida – 27 **no quedar otro remedio** *loc* no haber otra posibilidad

soportarlo, ya no tendría fuerzas. El abrazo con el que ella le recibe siempre demuestra que también le ocurre lo mismo.

Mi padre llega por la noche, tarde. Nosotros ya hemos cenado.
Toda la tarde he imaginado que cuando llegara, mi padre
5 tendría que pedirle ayuda a la policía para que los periodistas le dejaran en paz. Pero no sé lo que ha pasado.

En cuanto entra es evidente que ha acusado el golpe.

—Pandilla de… —lanza las llaves a la cómoda.

Mi madre se levanta del sofá y acude a darle un abrazo, pero
10 rebota prácticamente en el cuerpo de él.

—Ellos sí que tienen el oficio más antiguo del mundo, el oficio de mentir, de lanzar mierda a todos los lados, de hacer todo el daño del que son capaces.

—Déjalo, cariño, no les hagas caso, olvídalo, todo va a salir
15 bien, ya verás —mi madre consigue detener a mi padre, cogerle la cara con las dos manos y mirarle a los ojos. Permanecen así un instante. Nadie es mejor que mi madre para esas cosas.

—Ya lo sé, pero es que me ponen histérico —dice mi padre mucho más tranquilo, y se sienta a la mesa, al parecer,
20 dispuesto a cenar.

Entonces nos mira a Javier y a mí.

—No quiero que creáis una sola cosa de las que oigáis.

—No —digo.

—Hay gente muy mala en el mundo, hijos.

25 —Pero ¿por qué te atacan, qué ha pasado? —pregunto.

—Eso me gustaría a mí saber, qué les he hecho yo.

Mi padre me mira fijamente. Su mirada me da un poco de miedo, de intensa que es.

—No os preocupéis, demostraré que soy inocente, y
30 conseguiré que hasta el último calumniador sea juzgado por lo que ha hecho.

---

2 **recibir a up** dar la bienvenida – 7 **acusar un golpe** sufrir con uc – 8 **una pandilla** grupo – 8 **lanzar** tirar – 10 **rebotar** chocar y cambiar de dirección – 14 **cariño** amor, tesoro – 14 **hacer caso** prestar atención, ≠ ignorar – 16 **permanecer** quedarse – 20 **dispuesto** preparado – 30 **un calumniador** up que dice mentiras sobre up – 30 **juzgar** sentenciar (verurteilen)

Mi madre le trae algo de cena a mi padre y nos pide que nos subamos a la habitación. Javier obedece al momento. Yo también. Todos los coches, excepto uno de policía, han desaparecido de la puerta de casa. Por algún motivo me siento
5 muy bien leyendo y oyendo música en mi habitación, mientras mis padres están en el piso de abajo. Nadie puede derribar a mi padre así como así.

La acusación que hacen a mi padre es inimaginablemente grave. Le acusan de haber intercambiado favores con diversas
10 constructoras y promotoras inmobiliarias. Lo que dice la cadena de radio que ha denunciado el caso es que en al menos cuatro ocasiones mi padre ha concedido licencias a proyectos que no cumplen con la normativa europea del agua y que está demostrado que en tres de esos cuatro casos mi padre
15 recibió ciertas cantidades de dinero de los beneficiarios de las licencias.
Personalmente no me siento capaz de llegar a imaginar algo así. Rechazo completamente, por imposible, la imagen de mi padre dejándose sobornar. Es algo que no puedo plantearme
20 en serio. De entrada, me gustaría saber qué quiere decir esa gente con la palabra «demostrado», cómo «demuestran» que mi padre recibió esas cantidades de dinero, quién les dice que mi padre era consciente de que los proyectos no cumplían la normativa del agua, suponiendo que no la cumplieran. Ya sé
25 que los periodistas siempre se ponen en lo peor, pero por mi parte lo único que puedo pensar es que, en todo caso, alguien engañó a mi padre, que si hizo algo mal lo hizo sin ser consciente de que lo hacía. Lo otro, que mi padre se

---

6 **derribar** *fig* tirar, destruir – 8 **una acusación** falta o culpa que se relaciona con up – 9 **acusar** decir que up tiene la culpa de uc – 11 **una cadena** emisora, canal – 11 **denunciar** descubrir, decir públicamente una falta – 12 **una ocasión** momento, vez – 12 **conceder** dar – 13 **cumplir** obedecer, seguir (erfüllen) – 13 **una normativa** ley, conjunto de normas – 15 **un beneficiario** up que gana *p ej* en un negocio – 19 **sobornar** comprar a up – 19 **plantearse uc** pensar – 20 **de entrada** primero, desde el principio – 25 **ponerse en lo peor** pensar que uc va a salir muy mal – 27 **engañar** mentir

dejara untar de esa manera, es que ni siquiera soy capaz de planteármelo.

—¿Por qué la gente se mete tanto con los políticos y no se mete con nadie más? —me pregunta Javier camino del colegio.
5   Hace una mañana bastante fresca. Me arrepiento de no haber cogido la cazadora.

Le digo que los políticos trabajan para nosotros. Que entre todos los ciudadanos les pagamos el sueldo para que organicen bien las cosas. Y que si no lo hacen bien o se quedan con el
10 dinero de los ciudadanos, la gente se cabrea, es normal.

—Es como si todos los de tu clase aportáis dinero para que un compañero se encargue de hacer fotocopias, y un día descubrís que el compañero no solo ha hecho mal las fotocopias, sino que además se ha quedado con vuestro dinero,
15 ¿qué diríais?

—Papá no ha hecho eso.

—¿He dicho yo que papá haya hecho eso?

—No. Pero a lo mejor hay gente que sí lo ha hecho.

—Seguro que la hay.
20 —A lo mejor papá sí lo ha hecho y no lo quiere reconocer —dice Javier—. Tampoco pasaría nada, a veces uno se equivoca.

—Sí, a veces uno se equivoca, pero papá no lo ha hecho, Javier, te lo aseguro.
25 —¿Crees que papá llegará algún día a ser presidente del Gobierno?

—Pues no lo creo —digo, y seguimos caminando un rato en silencio.

Justo en la puerta del colegio me pregunta:
30 —Y si papá lo hubiera hecho, ¿le meterían en la cárcel?

---

1 **untar a up** *coloq fig* sobornar, corromper (schmieren) – 5 **arrepentirse** lamentar no haber hecho o dicho uc – 11 **aportar** dar – 12 **encargarse de uc** tener una tarea – 14 **quedarse con uc** tener, ≠ dar

—No —digo—, le cortarían la cabeza —y le mando pasillo adelante de un suave empujón.

Ya solo, llego al pasillo de la ESO y de bachillerato. Capto miradas caritativas y algún cuchicheo a mis espaldas. Algunos
5 imbéciles que no me saludan nunca se me acercan y me dan la mano y me preguntan qué tal estoy. Paso por delante de la clase de Sandra. Hay un grupo de chicas, Sandra también. Me miran con curiosidad, pero creo que ni siquiera responden a mi saludo. En clase, todo el mundo se queda callado cuando
10 yo entro. Como si hubiera entrado el director del colegio.

—Joder —digo—, ¿me pasa algo en el careto o qué?

—No, tío —dice Damián.

—¿Pensabais que me había cortado las venas o algo así? Mi viejo es inocente, no pasa nada, ni que fuera esto el fin del
15 mundo.

—Solo queríamos saber si tú estabas bien —dice Nacho Felguera.

—Lo estoy. Y como alguien vuelva a mirarme con cara de compasión, le corto los huevos.
20 Todos se ríen y el ambiente se relaja.

La rubia de Física está respondiendo a una pregunta de Irene. La verdad es que la tía lo explica muy bien. La parte de astronomía, cosmología, el origen del universo y todo eso me encanta. Nos explica cómo, tras el Big Bang, el universo no ha
25 hecho otra cosa que expandirse, pero que pese a todo, millones y millones de partículas que se crearon y esparcieron en la gran explosión se fueron aproximando entre sí. Dice que la materia siempre tiende a juntarse, por la ley de la gravedad. Que la

2 **un empujón** golpe para mover uc o a up – 3 **ESO** Educación Secundaria Obligatoria –
3 **captar** notar, sentir – 4 **caritativo** de pena, de lástima – 4 **un cuchicheo** conversación en voz muy baja – 8 **la curiosidad** deseo de saber uc – 11 **un careto** *Esp coloq* cara –
13 **cortarse las venas** suicidarse – 14 **ni que** *loc coloq* como si – 19 **la compasión** pena por up – 19 **un huevo** *vulg* testículo – 20 **relajarse** tranquilizarse – 24 **Big Bang** teoría que quiere explicar el origen del universo – 25 **expandirse** sich verbreiten – 25 **pese a** *loc* en contra de lo esperado – 26 **esparcirse** repartirse, distribuirse – 28 **tender a uc** neigen zu – 28 **la gravedad** Schwerkraft

materia atrae a la materia y por eso las partículas creadas en el Big Bang fueron formando unas nebulosas que se contrajeron y se apretaron más y más y más hasta que cada nebulosa se convirtió en una estrella. Las estrellas son como hornos
5 gigantescos donde la temperatura es tan alta y la gravedad tan grande que las partículas reaccionan entre sí y forman la mayor parte de los átomos de los que estamos compuestos. Dice que todos los átomos que hay en nuestro cuerpo se han formado en una estrella o tras la explosión de una estrella.

10 Entonces ocurre una cosa muy extraña. A la rubia le suena el móvil y responde la llamada. Es raro que un profesor atienda el móvil en clase. Según escucha lo que le dicen, a la rubia le cambia el gesto. Cuelga y dice que tiene que dejarnos. Que nos leamos lo que queda de tema y apuntemos tres preguntas para
15 mañana.

Cuando se va, el Abrebotellas dice:

—Está implicada en la trama de corrupción.

Todos, incluido yo, soltamos una carcajada.

Al parecer mi padre ha desmentido todas las acusaciones. Mi
20 madre me recoge en la piscina y me lo cuenta. Javier se ha hecho una herida en su entrenamiento de fútbol y tiene la pierna estirada en el asiento de atrás.

—Se ha parado delante de la nube de periodistas que le esperaba en la puerta de la Consejería y ha explicado que todo
25 es falso —dice mi madre.

Por lo visto ha sido tajante y categórico y ha permitido varias preguntas. Ha dicho que todo es una trama en contra de su partido y en contra, más precisamente, de su carrera

---

2 **una nebulosa** materia cósmica luminosa de *polvo* (Staub) y gas – 2 **contraerse** encogerse, hacerse más pequeño – 3 **apretarse** unirse, juntarse, presionar – 14 **apuntar** anotar, escribir – 17 **una trama** intriga – 18 **una carcajada** risa fuerte – 19 **desmentir** decir o demostrar que uc no es verdad – 20 **recoger a up** ir a buscar – 21 **una herida** Wunde – 22 **estirado** ≠ doblado – 22 **un asiento** mueble o lugar para sentarse – 23 **una nube** *aquí:* grupo grande – 26 **tajante** radical, categórico

y que piensa llevar a juicio a la emisora y a los periodistas responsables de la información.

—Parece que la cosa se ha tranquilizado bastante —dice mi madre—. Con suerte, en un par de días esta historia se habrá desinflado por completo.

—En el colegio no se hablaba de otra cosa —digo.

—Mi profesora de Lengua me ha preguntado qué tal estaba mi padre —dice Javier—. Quería saber si me había contado algo.

Mi madre se indigna. Nos ruega que nunca contemos nada de nuestra vida privada, que nadie tiene derecho a interrogarnos. Luego, para cambiar de tema, me pregunta por la piscina.

—El año que viene va a hacer natación otro, estoy hasta los cataplines de ir de un lado al otro de la piscina.

Mi madre se ríe un poco.

Son las siete de la tarde, pero parece que se ha hecho de noche. Va a caer una tormenta. Javier viene a mi cuarto, excitado por la repentina oscuridad. Desde la ventana se ve venir una gran nube gris, espesa, casi negra. Mi madre ha subido al centro comercial a comprar unas cosas.

Encendemos las luces y bajamos al salón. Empieza a granizar. Un sonido bestial lo invade todo en un instante, es el impacto de las bolas de hielo, de casi un centímetro de diámetro, contra las claraboyas de la buhardilla, contra el toldo del porche, contra la mesa de plástico del jardín e incluso contra las ventanas. El césped del jardín se cubre completamente de blanco. Javier y yo lo miramos desde el ventanal del salón.

1 **un juicio** Prozess – 4 **desinflarse** perder importancia o interés – 10 **indignar** empören – 10 **rogar** pedir uc mucho – 14 **la natación** → nadar – 14 **hasta los cataplines** *coloq* harto – 18 **excitado** nervioso – 19 **repentino** de repente, por sorpresa – 20 **espeso** compacto, *denso* (dicht) – 22 **granizar** hageln – 24 **una bola** masa redonda – 24 **un diámetro** Durchmesser – 25 **una claraboya** ventana en el techo – 25 **una buhardilla** habitación más alta, debajo del tejado – 25 **un toldo** tela que se usa para hacer sombra – 26 **un porche** entrada o lateral con techo de una casa – 27 **cubrirse** taparse – 28 **un ventanal** ventana grande

El ruido se interrumpe. Caen algunas gotas sueltas y vuelve la calma. El hielo se derrite y el césped recupera su color de siempre, solo que salpicado de cantidad de trozos de hojas y de ramas que el granizo ha arrancado. Mi madre llega
5 enseguida. Nos dice que el garaje se ha inundado y nos pide que la ayudemos a limpiarlo.

Javier se pone unas botas de agua y mi madre y yo vamos con las chanclas de la piscina. El sumidero que hay en el centro del garaje se ha atascado y un gran charco de agua, que nos cubre
10 hasta los tobillos, ocupa casi todo el garaje. Desatascamos el sumidero con un cepillo y un alambre y mientras el agua se va apartamos con los cepillos todas las hojas y la tierra que el aguacero ha traído por la rampa. Mi madre da un grito. En la montaña que hemos hecho de tierra y hojas ha aparecido
15 el cuerpo gris y enano de un ratón muerto. Nos da tanto asco que nos vamos rápidamente de allí, entre risas. Empiezo a perseguir a mi madre y a Javier. Les digo que llevo el ratón en la mano y se lo voy a meter por la espalda.

Cuando nos tranquilizamos, mi madre dice que está muy
20 cansada y que podemos pedir pizzas para cenar. Javier da saltos de alegría y corre a por el teléfono para pedirlas él mismo.

Empecé de pronto. Yo nunca he sido muy bueno dibujando pero un día probé a hacer una cosa y me gustó y me di cuenta de que para que un cómic esté bien no hace falta ser un hacha
25 haciendo dibujos sino hacerlos a tu manera, como te salgan, no intentando hacer un cómic que se parezca a los demás. Los cómics que más me gustan no son precisamente los que están mejor dibujados, más perfectitos y todo eso. Al principio

---

1 **una gota** porción pequeña de agua (Tropfen) – 1 **suelto** solitario, separado –
2 **derretirse** deshacerse, desaparecer – 2 **recuperar** volver a tener – 3 **salpicado**
repartido, manchado (befleckt) – 4 **una rama** Zweig – 4 **arrancar** quitar, sacar por
la fuerza – 5 **inundarse** llenarse de agua – 8 **una chancla** sandalia de goma – 8 **un
sumidero** Abflussgitter – 9 **atascarse** bloquearse, no dejar pasar nada – 9 **un charco**
resto de agua en el suelo – 10 **un tobillo** Knöchel – 11 **un alambre** metal fino y largo –
12 **apartar** poner a un lado, alejar – 13 **un aguacero** lluvia muy intensa – 24 **ser un
hacha** *loc coloq* ser muy bueno en uc

intenté varias cosas pero eran muy chorras y entonces se me ocurrió esta historia y ahora estoy enganchado a tope con ella. Lo hago todo con Edding negro y con un programita de ordenador que te pasa ya millones de cuadrículas diferentes
5 que luego imprimo y dibujo encima de ellas.

Hago una viñeta de una página entera en la que el chico y la chica están bailando en el salón de la casa. El chico ha conseguido en una obra un generador eléctrico que funciona con gasoil y ahora la casa tiene luz y lo celebran a lo grande
10 con las botellas de champán que el chico ha traído de otra casa. Pienso que quizás cuando están bailando la chica está tan pedo que se cae y se corta con el cristal de una botella y él tiene que ir a buscar ayuda con ella porque sangra un montón. No lo sé, alguna historia de ese estilo.

15 Me despierta el sonido de la radio y algunas voces en el cuarto de mis padres. Sucede algo extraño. Mis padres tienen la radio puesta. Mi padre está atacado de los nervios, da algún grito a mi madre.

Subo la persiana. Todavía no ha amanecido. Son las seis
20 y media. Me parece oír el móvil de mi padre, pero no oigo su conversación. Enciendo la radio y voy al baño con ella.

Acerco el dedo al botón de la cisterna. No llego a apretarlo. Con el dedo apoyado, completamente inmovilizado, escucho la grabación que la cadena de radio tiene de una conversación
25 en un restaurante entre mi padre y el mandamás de una constructora. Hay ruido de platos y cubiertos.

Mi padre explica al constructor que la zona en la que este quiere construir una urbanización es terreno protegido.

1 **chorra** *Esp* tonto, fácil – 2 **a tope** al máximo – 4 **una cuadrícula** cuadrado – 6 **una viñeta** cada unidad de un cómic con dibujos y texto – 8 **una obra** Baustelle – 9 **a lo grande** *loc con uc* especial – 12 **pedo** *aquí: coloq* borracho – 13 **sangrar** perder *sangre* (Blut) – 13 **un montón** mucho – 19 **una persiana** Rollladen – 19 **amanecer** salir el sol por la mañana – 22 **un botón** Knopf – 22 **una cisterna** depósito de agua – 23 **apoyado** puesto, descansado – 23 **inmovilizado** que no puede moverse – 24 **una grabación** toma de imágenes o sonidos – 25 **un mandamás** *coloq* jefe, up importante – 26 **los cubiertos** *pl* instrumentos para comer

Es la ribera de un río y allí no se puede hacer nada, dice. El constructor insinúa que siempre se puede hacer la vista gorda, pero mi padre no entra al juego.

Entonces el constructor dice:

5 —Nosotros siempre hemos sido agradecidos, Gerardo.

—Me parece muy bien —responde mi padre. Aunque hay ruido de fondo se trata indudablemente de su voz.

—Esta vez, Gerardo, entre tú y yo —aquí la voz del constructor se hace apenas audible—, creo que podríamos 10 hablar de un rosquito más.

No hay respuesta de mi padre.

—Un cero, Gerardo, y los ceros son siempre bienvenidos, ¿o no?

Se oye algo parecido a una risa nasal de mi padre.

15 —¿Lo son o no? —insiste el constructor.

—Si ese terreno deja de estar protegido, serás el primero en enterarte —dice entonces mi padre.

—Contigo todavía se puede hablar, da gusto, joder, Gerardo.

Suenan ruidos de cubiertos y la grabación se interrumpe.

20 Aprieto con todas mis fuerzas el botón de la cisterna.

No tengo ganas de nada. Ni siquiera de comprender. Me tumbo en mi cama. Miro al techo. ¿Rosquito? ¿Cero?

Vuelvo a oír alguna voz en el cuarto de mis padres. Cojo el iPod, lo enciendo y lo agito con fuerza para que empiece el 25 aleatorio. Será aleatorio pero no sé por qué empieza tantas veces con «Zoo of Montreal», la canción de Men Among Animals. No importa, porque me encanta. Subo el volumen. Todo es música.

---

1 **una ribera** lados de un río – 2 **insinuar** dar a entender uc sin decirlo directamente – 2 **hacer la vista gorda** *loc coloq* hacer como si no se ha visto uc – 3 **entrar al juego** participar – 5 **agradecido** *aquí:* generoso, que da dinero – 7 **de fondo** detrás – 7 **indudable** seguro – 10 **un rosquito** *dim* uc de forma circular – 14 **nasal** de nariz – 24 **agitar** mover de un lado a otro – 25 **un aleatorio** *aquí:* canciones sin orden fijo – 26 **Zoo of Montreal** canción de 2012 – 26 **Men Among Animals** grupo danés de pop experimental

Entre canción y canción aparece el silencio, y algo parecido a una bofetada. ¿Es una grabación auténtica? ¿Existe alguna posibilidad de que lo sea? ¿Existe alguna posibilidad de que sea falsa? Siento un sabor amargo en la boca. ¿Es esa la voz de
5 mi padre? ¿Puede algo así llegar a haber ocurrido? ¿No será un montaje de audio, corta y pega, corta y pega? ¿Por qué algunas canciones tardan tanto en empezar?

Mi madre llama a la puerta y entra. Le digo que no quiero ir a clase, que quiero estar solo. Parece comprenderlo. Me dice que
10 me quede tranquilamente en casa, que ella llevará a Javier.
   —¿Y papá? —digo.
   —Se ha ido, se ha ido ya.
   Mi madre sabe perfectamente que me he enterado. Tiene muy mala cara.

15 Hace un rato que me he quedado sin batería en el iPod, pero no soy capaz de levantarme ni de hacer nada. Es como si mi mente estuviera completamente en blanco. El coche de mi madre arranca y se va con Javier. Ahora que desaparece cualquier sonido en la casa siento un poco de vértigo. Me levanto y salgo
20 de mi habitación. Paseo descalzo, en pijama, por la casa. En cierto modo me sorprende que las cosas que hay en la casa sigan siendo las mismas. Pero lo son. Son tan familiares que, mirándolas, resulta fácil olvidarse casi de cualquier cosa. A lo mejor esto es lo único real. A lo mejor no está pasando nada en
25 el mundo. A lo mejor esa grabación y todo ese rollo de mierda con mi padre no existe, es solo una pesadilla u otra dimensión de la realidad, un lugar asqueroso del que es mejor huir cuanto antes.

---

2 **una bofetada** *fig* golpe con la mano abierta – 4 **amargo** ≠ dulce – 6 **pegar** kleben –
17 **en blanco** *loc* vacío, sin nada – 18 **arrancar** ponerse en movimiento – 19 **el vértigo**
sensación de *mareo* (Schwindel) – 20 **descalzo** sin zapatos – 26 **una pesadilla** mal
sueño – 27 **huir** escapar, irse

Entro al cuarto de mis padres. Me muevo muy despacio, como si estuviera flipando. Parece que mi cuerpo no me pertenece del todo, que quiere hacer cosas que yo desconozco. Miro la cama. El camisón de mi madre, el pijama de mi padre.

5 ¿Qué relación hay entre ese pijama y la grabación que he oído? Veo los libros de mi padre sobre su mesilla, la maquinilla de afeitar en el baño, su albornoz. ¿Es real esa grabación?

Me tumbo de nuevo en mi cama. Mi padre no sería capaz de hacer nada así, ni en un millón de años, esa no es la persona 10 que yo conozco.

Mi madre me llama. Me he quedado dormido sobre la cama.

—Va a dimitir, hijo, baja a verlo —tiene los ojos llorosos.

Bajo. Mi padre ocupa el centro de la pantalla panorámica. Está en la sala de prensa de su Consejería. Tiene detrás las 15 banderas de España y de nuestra comunidad autónoma, como siempre. Creo que se le nota en la cara que no es una comparecencia cualquiera, pero a lo mejor no es así. Al principio me cuesta concentrarme y seguir lo que dice. Habla con mucha seguridad. Está tratando de explicar que todo es 20 una conspiración en su contra. Dice que nada de lo publicado o de lo emitido por la radio es cierto. Dice que la grabación de su despacho está manipulada a mala fe, pero que de momento no quiere señalar a nadie con el dedo. Habla, sencillamente, de trampa, una terrible trampa en la que ha caído.

25 Tengo la impresión de que este discurso ya lo he oído alguna vez, incluso en la voz de mi padre, pero no es posible. Mi padre hace una breve pausa. Dice que por encima de cualquier otra consideración quiere dejar claro que el único fin que le ha

---

2 **flipar** *Esp* alucinar *p ej* por el efecto de drogas – 3 **pertenecer** formar parte de uc – 4 **un camisón** camisa larga para dormir – 7 **un albornoz** *Esp* abrigo para después de la ducha – 12 **dimitir** dejar un trabajo o *cargo* (Posten) – 12 **lloroso** de llorar – 13 **una pantalla** monitor – 15 **una bandera** tela que representa *p ej* un país – 17 **una comparecencia** Pressekonferenz – 20 **una conspiración** complot, intriga – 22 **a mala fe** con maldad – 24 **una trampa** Falle – 25 **un discurso** Rede – 27 **por encima de uc** *loc* principalmente, sobre todo

movido en toda su carrera política ha sido el bien de nuestra comunidad autónoma y de sus ciudadanos y que si en algún momento se ha equivocado, pide perdón por ello.

A mi lado mi madre mueve la cabeza de un lado a otro.

5 —No —dice—, no pidas perdón, no tienes ningún motivo para pedir perdón.

—¿Por qué? —digo.

—Porque parece que está reconociendo que es culpable.

—A pesar de todo —dice entonces mi padre en la televisión,
10 como dando la razón a mi madre—, siendo por completo consciente y responsable de lo que hago, he decidido presentar mi dimisión irrevocable al presidente de la Comunidad y renunciar también a mi escaño parlamentario.

A mi lado mi madre se pone de pie y se vuelve a sentar en
15 cuestión de centésimas de segundo.

—Solo quiero decir una cosa más —continúa mi padre—. Dejo la política. Me siento derrotado por ciertas fuerzas y poderes que han ido a por mí. Pero nada ni nadie conseguirán minar nunca la fe que tengo en la acción política.

20 Coge su papeles y abandona la sala.

Mi madre se echa a llorar, no puede controlarlo. Supongo que piensa que es injusto. Y supongo que piensa que ya nada podrá darle la vuelta a las cosas, que este es el fin, el fin de una carrera por la que tanto ella como mi padre lo han dado casi
25 todo.

No soy capaz de unirme a la tristeza de mi madre, ni menos de consolarla. Algo me impide hacer ya un sencillo gesto físico o siquiera abrir la boca. Permanecemos en silencio un largo rato, en el que todos mis pensamientos tienen forma de
30 pregunta.

---

8 **culpable** que tiene culpa de uc – 12 **irrevocable** definitivo – 13 **renunciar** dejar *p ej* un trabajo voluntariamente – 13 **un escaño** puesto, asiento en el parlamento – 15 **en cuestión de uc** *loc coloq* tan solo en, poco más o menos – 17 **derrotado** vencido, que ha perdido – 19 **minar** destruir – 19 **la fe** creencia – 20 **abandonar** dejar, irse – 21 **echar a** *perífr* empezar a, ponerse a – 23 **dar uc la vuelta a las cosas** cambiar la situación – 27 **consolar a up** animar, motivar en la tristeza – 27 **impedir** ≠ dejar – 27 **sencillo** simple, fácil

Si las grabaciones son falsas, me digo, si todo es falso y es una conspiración en contra de mi padre, ¿por qué dimite? Si realmente es inocente nunca debería dimitir, por muchas presiones que tenga del partido. Una vez que has dimitido,
5 ¿quién se va a creer tu inocencia?

—Empieza una nueva época en nuestra vida —dice ahora mi madre—, va a ser muy dura, pero tenemos que ser fuertes.

No respondo.

—Supongo que no entiendes nada. Yo tampoco. Hemos
10 pasado de todo a nada en cuestión de horas. Esa es la distancia que separa el mayor éxito del mayor fracaso, es increíble. Para los medios, para gran parte de la gente que nos rodea, papá ha dejado de ser un político brillante y triunfador para ser un miserable corrupto.

15 Al parecer, hablar le sienta bien a mi madre. Yo sigo en silencio. Creo que mi madre se da cuenta de que no tengo ganas de hablar. En la televisión, el canal autonómico sigue hablando del caso de mi padre. Mi madre apaga el televisor.

—¿De verdad es falso todo eso de lo que le acusan? —me
20 atrevo a decir de repente.

Ahora mi madre me mira muy fijamente. Quizá nunca debería haberme atrevido a preguntar esto.

—Claro que es falso, hijo, tu padre no es un ladrón —dice, extrañamente tranquila. Se levanta del sofá y sale del salón.

25 Enciendo otra vez la tele. Cambio de cadena. Una mujer llora de risa porque dice que su marido, sentado a su lado en el plató, hizo una vez unas patatas con bacalao y le quedaron tan saladas que no se podían comer. El marido también se ríe pero dice que ella era la responsable de haber desalado el bacalao.
30 La mujer dice que estaban tan saladas que ni el perro se las co-

---

11 **un fracaso** ≠ éxito, ≠ triunfo – 13 **un triunfador** ganador – 15 **sentar bien uc a up** hacer bien, ser bueno uc para up – 18 **un caso** Fall – 23 **un ladrón** up que *roba* (stehlen) – 27 **un plató** *de televisión* Set – 27 **un bacalao** Stockfisch – 29 **desalar** quitar la sal de uc

mió, y le da tal ataque de risa que se levanta y se marcha del plató.

Mi madre aparece bastante arreglada, con el móvil en una mano y el bolso en la otra. Dice que va a ver a mi padre, que
5 quiere estar con él, que no quiere ni imaginarse lo mal que lo estará pasando. Y antes de irse me recuerda que Javier va a dormir en casa de los primos, que lo recoge en el colegio la tía Isabel. Vale, le digo.

Apago la tele y me voy a mi cuarto. Cuando estoy subiendo
10 las escaleras suena el timbre de casa. Subo rápidamente y miro a la calle desde la ventana de mi habitación, con cuidado de no ser descubierto. No sé quién es, tiene toda la pinta de ser un periodista con ganas de tocar las pelotas un rato. No estoy dispuesto a abrirle ni en un millón de años. El tipo vuelve a lla-
15 mar, da unos pasos hacia atrás para poder ver mejor la casa y se vuelve a comentar algo con alguien que debe de haber en un coche. Está claro que son periodistas. Afortunadamente se sube al coche y desaparecen.

Descuelgo el teléfono, apago el móvil y me encierro en
20 mi cuarto. Es una sensación extraña. Solo en casa, sin ir a clase, con libertad total para hacer lo que me dé la gana. Y sin embargo, esa gran masa extraña a mi alrededor. No sé si alrededor o encima o dentro. Es como una sustancia densa o viscosa, dentro de la cual no se puede pensar, ni sentir, ni ser
25 nada. Todo lo que intentas es apartarte de ella.

Llevo todo el día dibujando puñeteros insectos. Me ha dado el pronto de que a lo mejor los insectos podían jugar un papel fundamental en mi cómic. A lo mejor un día el protagonista se da cuenta de que aunque han desaparecido todas las personas
30 y también los animales, los insectos siguen allí. Entonces

---

3 **arreglado** preparado *p ej* bien vestido – 10 **un timbre** Klingel – 12 **la pinta** aspecto físico – 13 **tocar las pelotas** *vulg* molestar – 19 **encerrarse** guardarse, meterse dentro de uc – 24 **viscoso** denso, que pega (klebrig) – 26 **puñetero** *Esp* maldito – 26 **darle un pronto a up** *Esp coloq* querer hacer uc de repente – 27 **un papel** *aquí:* Rolle

tanto él como la chica deciden cuidarlos todo lo que pueden, porque por algún motivo piensan que los insectos tal vez sean fundamentales para su salvación. Les dan comida, evitan los lugares que más transitan ellos para no pisarlos o asustarlos e
5 intentan crear un clima de confianza con ellos. Una mañana, cuando él vuelve de su ronda, la encuentra a ella llorando a moco tendido. Resulta que ha encontrado una araña en la toalla con la que se estaba secando y le ha dado tal ataque de histeria que se la ha cargado de un pisotón. Él intenta
10 tranquilizarla. Ella teme que vaya a pasarles algo malo por culpa de eso.

Lo que he pensado es que a lo mejor el chico y la chica están tan perdidos, tan desamparados, que les da por convertir a los insectos en una especie de dioses, por creerse que esos
15 bichos tienen poderes, por venerarlos y temerlos y hasta hacer extraños rituales en los que muestran lo pringados que son. No lo sé, a lo mejor todo esto es una gilipollez. La verdad es que ya estoy hartándome de los insectos.

En el foro se habla de la quedada de mañana. Hay pocos
20 conectados, solo los que no han podido salir hoy. Nadie habla de mí, ni de mi padre.

Me preparo un bocata de atún en la cocina. Cuando me lo estoy comiendo en el cuarto vuelve a sonar el timbre. No me molesto en mirar, estoy seguro de que es otra vez el periodista. Pero
25 insisten una, dos y tres veces. Me asomo con mucho cuidado y me parece ver al Abrebotellas mirando hacia mi ventana. Voy al

---

4 **transitar** ir, pasar, visitar – 5 **la confianza** creencia en up (→ confiar) – 6 **una ronda** vuelta – 7 **a moco tendido** *loc coloq* mucho, sin parar – 7 **una araña** Spinne – 9 **cargarse** *coloq* matar, destruir, eliminar – 13 **desamparado** indefenso, solo, sin ayuda – 13 **dársele(s) por + INF** expresa acción de capricho – 15 **venerar** adorar (anbeten) – 16 **un pringado** *Esp* ingenuo, que lo cree todo – 17 **una gilipollez** *Esp vulg* tontería – 22 **el atún** Tunfisch – 23 **molestarse en uc** mostrar interés – 25 **asomarse** sacar *p ej* la cabeza por *p ej* una ventana

cuarto de baño de mis padres para mirar por un lado del store. Son el Abrebotellas, Damián y Nacho Felguera. No quiero abrir. El Abrebotellas se pone a dar gritos como un subnormal.

—¡¡¡Vente a dar una vuelta, G., no seas capullo!!!

5 Luego tira chinitas contra mi ventana. No respondo. Espero en el cuarto de baño de mis padres a que amaine el temporal.

Si fuera Sandra la que hubiera venido a buscarme saldría a abrirle como haciéndome el loco y pondría cara de víctima y le explicaría que no había ido al colegio porque no tenía ganas de 10 estar con nadie, que necesitaba pensar y aclararme las ideas. Luego la invitaría a pasar y cuando entráramos a mi habitación ella descubriría el cómic y yo le quitaría importancia, pero ella mostraría mucho interés y lo leería y fliparía.

El Abrebotellas, Damián y Nacho Felguera suben la calle con 15 pasos lentos como de gigante.

Son más de las doce cuando le oigo llegar a casa. Mi madre ha llegado hace un par de horas.

Sube las escaleras. Habla con mi madre en la habitación. Enciendo el iPod y subo el volumen. «Zoo of Montreal».

20 —¿Cómo es que no saliste ayer, Gerardo?

Se ve que hay cosas que no cambian nunca. Ya puede pasar un ciclón que arrase nuestra casa, que nosotros aquí estaremos cada sábado, desayunando puntualmente a las nueve. Hoy el que se ha librado es Javier, que no ha dormido en casa.

25 Mi padre tiene buena cara y unta la mantequilla con el mismo brío que cualquier otro sábado. Va con traje y corbata,

---

1 **un store** estor, tela que tapa la ventana – 4 **un capullo** *Esp vulg* tonto – 5 **una chinita** *dim* **china** *Esp* piedra pequeña – 6 **amainar** tranquilizar, parar – 8 **hacerse el loco** *coloq* hacer como si no sabe uc – 11 **pasar** entrar – 12 **quitar importancia a uc** minimizar uc – 13 **flipar** *Esp* asombrarse – 22 **arrasar** destruir uc completamente – 24 **librarse de uc** liberarse, estar libre de uc – 26 **el brío** ganas, fuerza, energía

creo que le ha dicho a mi madre que hoy también tiene que ir
al despacho.

—¿Eh, por qué no saliste? —insiste.

—No me apetecía.

5 —No te apetecía. Qué raro, es el primer viernes en meses
que no sales.

—Alguno tenía que ser el primero.

—Claro. Pero siempre hay una razón para hacer algo por
primera vez.

10 —Ya te lo he dicho, papá, no me apetecía.

—Vale, vale, pero ¿soy muy pesado si me permito preguntarte
por qué no te apetecía?

—Pues sí, lo eres. Cuando salgo me agobias porque llego
tarde, y cuando no salgo me agobias porque no salgo.

15 —No —dice mi padre—. Te agobio porque no me explicas
por qué no quieres salir.

Al final consigue cabrearme.

—Joder, papá, pues es muy fácil, no salí porque habías
dimitido y no tenía ganas de que la gente me diera la brasa.

20 Mi padre asiente con cara de «ya sabía yo que era eso».

Pero si ya lo sabía, me pregunto por qué insiste tanto.

—¿No es mejor así? Hablar las cosas claramente —dice.

—Es acojonante, ahora parece que lo único importante que
le ocurre a esta familia es si yo salí o no salí.

25 —Bueno, vale, tienes razón —da vueltas a su café. Tampoco
es que yo quiera ahora hacerle hablar de su dimisión y de todo
eso, claro. Mi padre levanta la mirada del café—. Mira, yo solo
voy a decirte una cosa. Tu vida es tu vida y puedes hacer lo que
quieras, pero no voy a permitir que mis problemas te afecten.

30 —Vale.

—Bueno, pues ya está —dice mi padre poniéndose de pie,
muy enérgico—, a partir de ahora están prohibidas las caras

---

2 **un despacho** oficina – 11 **pesado** nervig – 13 **agobiar a up** molestar – 19 **dar la brasa**
loc coloq ser pesado – 20 **asentir** decir sí con la cabeza – 23 **acojonante** *Esp vulg*
impresionante, increíble – 26 **una dimisión** → dimitir – 29 **afectar uc a up** betreffen

de palo en esta casa, no quiero a nadie triste, no quiero gente derrotada ni pensativa ni haciendo cosas distintas de las que ha hecho toda su vida.

Mi padre mira dentro de la nevera como si quisiera sacar algo, pero vuelve a cerrarla con las manos vacías.

—Esto no es el final de nada, más pronto que tarde remontaremos el vuelo, y si no, al tiempo. La gente puede decir lo que quiera sobre nosotros, pero nadie conoce mejor nuestra vida que nosotros mismos. Nosotros por nuestro camino, haciendo las cosas bien, y ya veréis qué pronto la vida vuelve a darnos la cara.

Se toma el café de pie. Se acerca a mí y me pone la mano en el hombro, por la espalda.

—Me gusta que te preocupes por mí, pero prefiero que no lo hagas.

Noto el peso de su mano en mi hombro. Pienso en preguntarle algo sobre la grabación, sobre lo que quiso decir con lo de que había sido «manipulada a mala fe». Pero dejo de sentir el peso de la mano y ya no me atrevo a preguntarlo.

Se aprieta el nudo de la corbata, da un beso a mi madre y se marcha. Es curioso, pero acabo de decidir que esta tarde sí que voy a salir.

No hay nada que me dé más asco que las orugas. Cerca de casa de Damián descubro debajo de un pino un camino larguísimo de orugas especialmente grandes. Me empieza a picar el cuerpo por todas partes. Si no fueran tan peludas no me darían tanto asco. Me aparto rápidamente de la sombra del pino, porque las orugas están en capullos en el árbol y caen al suelo. Alguien ha pisoteado el principio del camino. Hay por lo menos dos o tres metros de orugas pisoteadas. No me importa lo más mí-

1 **de palo** larga, triste – 7 **remontar el vuelo** *fig* salir de los problemas – 11 **dar la vida la cara a up** tener buena suerte – 19 **el peso** Gewicht – 20 **un nudo** Knoten – 23 **una oruga** Raupe – 24 **un pino** Kiefer – 25 **picar** jucken – 26 **peludo** con mucho pelo – 28 **un capullo** cápsula que encierra uc (a la oruga) – 29 **pisotear** pisar repetidamente uc

nimo. Creo que yo nunca podría pisotearlas, más que nada por asco, pero tampoco haría nunca nada por salvar un bicho de esos. La verdad es que, si lo pienso, el rollo este de salvar bichos es bastante contradictorio. Me doy cuenta de que me
5 paso el día salvando hormigas, o escarabajos o arañas con un folio y que lo hago por la sencilla razón de que no me dan asco. Pero en el caso de las orugas me importa bastante poco lo que puedan sufrir cuando alguien las pisa, porque me parecen lo suficientemente asquerosas para merecer morir. Soy como un
10 puto nazi que se cree que alguien le ha dado el don de decidir quién muere y quién no muere, y el don todavía peor de matar a quien le repugna.

Damián me hace pasar un momento a su casa porque todavía no se ha vestido. En realidad lo que ocurre es que está viendo
15 una peli que está a punto de terminar y no se la quiere perder. Me hace sentarme allí con sus padres, su abuela y su hermana mayor, mientras él se ata las zapatillas sin quitar la vista de la tele. Están viendo *Cariño, he encogido a los niños*, una peli de hace un montón de años en la que una máquina reduce a
20 unos niños al tamaño de una hormiga y nadie consigue encontrarlos. Yo la vi hace mucho y no me disgustó, pero ahora no me parece el momento de verla, sinceramente. Damián me pregunta si me importa que la acabemos, quedan cinco minutos. Le digo que okei, su madre me ofrece algo de beber,
25 digo que no y me siento en un sofá entre Damián y su abuela, como un subnormal.
Cuando acaba la película los padres de Damián vuelven a ofrecerme algo de beber. He notado que tanto ellos como la hermana me miran bastante. Está claro que saben lo de
30 mi padre, pero no quieren darme la brasa y no sacan el tema

---

10 **puto** ADJ califica negativamente uc (verdammt) – 10 **un don** cualidad especial –
12 **repugnar** sentir asco – 15 **a punto** casi – 17 **atarse** cerrar, unir uc con nudos –
18 *Cariño, he encogido a los niños* 1989, película de aventuras – 18 **encoger** hacer uc
más pequeño – 21 **disgustar** ≠ gustar

ni me preguntan nada. La verdad es que siempre me han parecido gente maja. No me imagino ese buen rollo en mi casa, todos viendo una película un sábado por la tarde. Mi madre directamente odia las películas, mi padre si enciende la
5 tele es para ver deportes, y yo, la verdad, prefiero mil veces ver las pelis en mi ordenador y a mi bola. Hubo una época en que algunas noches mi padre y yo sí veíamos una película juntos, pero sea por lo que sea eso ya no ocurre.

Damián dice que nos tenemos que marchar y nos vamos. En
10 la calle Damián me coge del hombro y me pregunta por mi día de pellas. Yo le respondo que sus viejos me parecen unos tíos de lo más legales.

Creo que hoy revienta todo el mundo. Damián y el Abrebotellas, especialmente, porque van a tumba abierta.
15 Pero Jaime, Susana, Luigi, Rasposo y Carolina también. Hoy hemos quedado mucha gente de las cuatro clases en el parque antes de ir al bar del hermano de Susana. Yo me cojo un punto bueno con cerveza y paro. Cuando veo que la peña se pilla el ciego de esa manera me repatea. Toda la semana esperando
20 este momento y luego no duran en condiciones ni media hora.

Nacho Felguera y yo estamos sentados en el respaldo del banco. Con el atardecer las nubes que hay enfrente de nosotros, por encima de los árboles que rodean la autopista, son de un color muy intenso, entre rojo y morado, o las dos
25 cosas al mismo tiempo. Tienen formas extrañas, misteriosas, como si escondieran secretos inaccesibles en su interior. Me acuerdo de las nebulosas de partículas de las que habló la de Física. Esas nebulosas que se fueron formando después del Big Bang, cuando en el universo el objeto más grande que podías

---

2 **majo** *Esp* agradable, simpático – 2 **un rollo** *Esp* ambiente – 6 *estar* **a mi bola** *Esp coloq* hacer sus cosas, *aquí:* solo – 11 **una pella** *Esp* falta a clase – 13 **reventar** explotar *aquí:* por beber mucho – 14 **ir a tumba abierta** *loc* rápidamente y sin límite – 17 **cogerse un punto** *coloq* estar un poco borracho – 18 **la peña** *Esp coloq* gente, amigos – 18 **pillar el ciego** *Esp coloq* emborracharse – 19 **repatear** *uc* molestar – 20 **en condiciones** *aquí:* sobrio, ≠ borracho – 21 **un respaldo** parte, *p ej* de una silla, para poner la espalda – 22 **un atardecer** terminar la tarde – 24 **morado** lila, violeta – 26 **esconder** guardar, ≠ mostrar – 26 **inaccesible** que no se puede llegar

encontrar era una partícula elemental más pequeña que un átomo. Esas partículas se atraían entre sí y formaban unas nubes que eran el paso previo a la formación de las estrellas.

—Vamos a ese banco —me dice Nacho. Se refiere al banco
5 de Sandra y todas estas.

Nos movemos, pero antes de que lleguemos con ellas aparecen el Abrebotellas, Damián y muchos más haciendo el indio. Van en una especie de fila, y bajan y levantan los brazos uno detrás de otro, sin dejar de gritar ni de reír. Al parecer
10 intentan hacer la ola, pero cualquier parecido con una ola es totalmente casual.

El Abrebotellas me recuerda que fue idea mía, que yo propuse hacerla con todo el mundo. Me dan ganas de asesinarle. Que dijera eso en el foro no significa que me apetezca ahora una
15 mierda hacer una ola y ser yo el responsable de semejante chorrada.

—Eso, organiza tú —dice Jaime—, que tienes sangre de político.

Se ríen. El Abrebotellas, que es borderline total, es el que
20 más se ríe. Rasposo se me acerca y pretende darme un billete de diez euros, el muy imbécil.

—Toma, esta es tu comisión —dice, y se descojona de risa.

—Qué payaso, eres, chaval, guárdate eso, anda —le digo ya de mala leche.

25 —Pero, hombre, ¿no vas a sacar tajada? —dice, sin guardar el billete.

—¡¡Qué cortito eres, tío!! Se nota que no te da el cerebro para más.

—Pero que es una broma, joder, no te lo tomes así, qué mal
30 rollo —dice Rasposo. Da un paso atrás y se guarda el dinero un

---

7 **hacer el indio** *Esp coloq* hacer tonterías – 8 **una especie de** *loc* uc parecido a, algo como – 8 **una fila** línea de personas – 12 **proponer** tener la idea – 15 **una mierda** *vulg aquí:* nada – 15 **semejante** ese tipo o clase de – 16 **una chorrada** *Esp coloq* tontería – 20 **pretender** intentar, querer hacer uc – 22 **descojonarse de risa** *Esp vulg* reírse mucho – 23 **un payaso** clon, *aquí:* up que hace tonterías – 23 **anda** *Esp interj* vamos – 24 **de mala leche** *Esp* enfadado – 25 **sacar tajada** *loc coloq* tener beneficio, ganar uc – 27 **cortito** *dim* tonto

poco cortado, como si realmente yo fuera un aguafiestas que no sabe entender las bromas.

El Abrebotellas me agarra del hombro.

—Con un cero no organizamos ni un corro de la patata —dice a los demás—. Si queréis una buena ola, tenemos que ver aquí algún rosquito más. ¿Verdad, socio? —y me aprieta más fuerte el hombro.

Lo aparto de un empujón. Realmente es que no puedo comprender que el Abrebotellas sea tan estúpido y tan tocapelotas, y que encima lo haga sin mala intención, así de tonto es. Mi empujón no es tan fuerte, pero el muy bobo sale despedido hacia delante, y si no es por Jaime que le detiene en el momento justo se habría dejado los piños contra el suelo.

Se hace silencio a mi alrededor. Todo el mundo me mira.

—¿Qué pasa, que mi viejo es un puto corrupto?, eso es lo que pensáis todos, ¿verdad?, que se ha forrado robando a toda la banda, que si los periodistas le acusan y sacan grabaciones y demás será por algo, claro, estáis convencidos de que es así y por eso me miráis todo el rato con el mismo careto como compadeciéndoos de mí, como si yo tuviera una enfermedad mortal o fuera un bicho raro, y claro, ahora que estáis pedo es cuando se os ve el plumero, joder, ahora no podéis disimular lo que pensáis…

—Dinos lo que piensas tú —es Jaime, me habla con su chulería de siempre, desafiándome.

Me río nasalmente, pero me cuesta aguantarle la mirada a este gilipollas. Niego con la cabeza y me doy la vuelta. Paso de esta historia. Sin embargo, antes de ir a sentarme, me vuelvo y le digo.

1 **un aguafiestas** *coloq* up que interrumpe la diversión (Spielverderber) – 3 **agarrar** sujetar con fuerza – 4 **el corro de la patata** canción infantil cantada en círculo y de la mano – 10 **un tocapelotas** *Esp vulg* up que molesta – 11 **bobo** tonto – 12 **despedido** volando, hacia atrás (por el golpe) – 13 **un piño** *Esp coloq* diente – 16 **forrarse** *coloq* hacerse rico – 20 **compadecerse de** up sentir pena por up – 22 **verse el plumero a up** *Esp loc coloq* saber lo que en verdad piensa – 22 **disimular** no mostrar o dejar ver uc – 25 **la chulería** *Esp* arrogancia – 25 **desafiar** provocar, retar – 26 **aguantar** mantener, soportar – 27 **un gilipollas** *Esp vulg* imbécil, tonto – 27 **negar** decir no, ≠ afirmar – 27 **darse la vuelta** girarse

—No sé lo que pienso, si te digo la verdad, no tengo ni idea de lo que pienso.

Y si es culpable, ¿qué? Y si resulta que mi padre es un corrupto, ¿qué? Y si nos la ha estado dando con queso a todos durante
5 años, ¿qué? Eso digo yo, ¿qué?, ¿qué?, ¿qué?, ¿qué?, ¿qué? ¿Qué pasa? No tengo ni idea de lo que pasa. ¿Qué pasa? No pasa nada, no sé lo que pasa, no puedo pensar lo que pasa, no lo sé.
¿Culpable?
Bajo por la avenida principal de nuestra urbanización. He
10 aprovechado el momento en que nos movíamos al bar de Susana para pirarme. Se lo he dicho a Nacho Felguera, que me iba, que no quería que se preocuparan o que me buscaran. No ha podido ni insistirme. Me he rezagado poco a poco, me he parado y he empezado a andar en sentido contrario. Una
15 partícula elemental que desafía la fuerza de la gravedad y consigue salir de la nebulosa. Una oruga que pierde la fila y no sabe adónde se dirige.
Y si lo es, ¿qué pasa?, ¿qué pasa?
Un pie gigante lo oscurece todo, una suela lisa y gastada me
20 roza ya la cabeza. La suela me aplasta y me mata.

Igual la dimensión Beta es un mundo paralelo al de los protagonistas. Quiero decir que la dimensión Beta no es más real o menos. Simplemente es un mundo paralelo en el que lo que ocurre es que tanto el chico como la chica han
25 desaparecido y están buscándolos como locos. O sea, que todo, excepto las personas, está desdoblado, existe por duplicado, hay una dimensión Alpha y una dimensión Beta. Las personas no son capaces de estar en los dos mundos al mismo tiempo, pero si encuentran los atajos, pueden pasar de uno a otro. A

4 **darla con queso** *Esp loc coloq* engañar − 11 **pirarse** *coloq* irse − 13 **rezagarse** quedarse atrás − 19 **una suela** parte del zapato en contacto con el suelo − 19 **gastado** muy usado − 20 **rozar** tocar un poco uc − 26 **desdoblado** *aquí*: doble − 29 **un atajo** camino más corto

lo mejor todos los que están en una de las dos dimensiones es que están muertos. A lo mejor son el chico y la chica los que se han muerto, como en la peli de *Los otros*, y la dimensión Beta es el mundo de los vivos.

5   No bajo hasta la hora de comer. Nos sentamos solo mi madre, Javier y yo. Oigo hablar a mi padre con el móvil, andar de un sitio a otro en el piso de arriba. Cuando estamos a punto de empezar, baja deprisa las escaleras, mientras se pone una chaqueta, y coge un plátano del frutero que está en el aparador.
10 Dice que le encantaría comer con nosotros pero que no puede, y se marcha mordiendo el plátano. Es raro no poder saber qué es lo que hay exactamente dentro de las personas.

Javier está con la DS pero mi madre no le dice nada. Comemos en silencio. Mi madre está muy pensativa, de vez
15 en cuando mueve los labios hablando sola y niega con la cabeza. Se da cuenta de que Javier no come, se acerca a él y ve que tiene la DS sobre las piernas. Sin decir nada coge la DS, la cierra y la aparta. Javier se incorpora para ver bien el plato y empieza a comer muy deprisa, pensando en sus cosas.

20   —¿Por qué ha dimitido papá? —dice de pronto.

Mi madre le cuenta un rollo que ni ella misma se cree. Yo también cojo un plátano y me subo a mi habitación.

El Abrebotellas me manda un SMS. Dice que lo siente mucho, que iba ciego, que no entiende cómo se le fue la pinza de esa
25 manera.

Lo hago sin pensar, dejándome llevar, porque si lo pienso no lo hago. Es fácil, abro la agenda del móvil y aprieto la S, Sandra. Sé que tengo que darme prisa para no rajarme. Aprieto el botón de llamada. ¿Y si cuelgo?

30   —¿Sí? —responde.

---

3 *Los otros* 2001, película con Nicole Kidman – 9 **un frutero** objeto donde se pone la fruta – 9 **un aparador** mueble con las cosas para poner la mesa – 11 **morder** presionar uc con los dientes – 13 **una DS** consola de videojuegos de Nintendo – 15 **un labio** Lippe – 18 **incorporarse** levantarse, ponerse recto – 24 **ciego** borracho – 24 **írsele la pinza a up** *Esp loc coloq* perder el control, volverse loco – 28 **rajarse** echarse atrás, arrepentirse

—Hola, Sandra, soy G.

—Hola, qué tal.

—Nada, es que se me ha pasado la cara de sueño y quería saber qué hacías…

5 —Estoy con Susi en la cafetería del centro comercial. Se han apuntado Luigi y Zorita.

—Ah, muy bien.

Sandra no dice nada.

—Pues nada, que tampoco te llamaba por… —digo, pero
10 noto que Sandra no me está escuchando. Se oyen risas. Creo que Sandra les está informando de que soy yo—. ¿Sandra?

—Que dicen estos que te vengas —me dice entonces.

—¿Eh?, no, no. No voy a salir.

No sé si me escucha.

15 —¿Sandra?

—Sí.

—Pues eso, que no quería nada, os dejo.

—Dicen que vengas.

—No, no, tía, de verdad. Bueno, ya hablaremos.

20 No dice nada.

—Hasta luego —digo.

No me llega la respuesta de Sandra, pero cuelgo. Tampoco me vuelve a llamar ni nada así. Con Luigi y Zorita.

Se sujeta la cara y se da un tortazo a sí mismo. A su alrededor
25 se oyen risas. Se sujeta con la otra mano y se da otro tortazo. Por la izquierda y por la derecha. Así muchas veces. Y siempre la misma risa alrededor. Es bastante triste pero se ve que a la gente le hace mucha gracia. Como al Abrebotellas, que fue el que me lo mandó. El Abrebotellas es capaz de estar tres días
30 seguidos viendo vídeos de YouTube.

24 **un tortazo** bofetada

Le digo a Javier que entre solo al colegio y cuando veo que lo hace empiezo a andar y paso de largo por la puerta y no entro. Camino hasta el metro. Me fijo en las personas de mi vagón, sobre todo las que se sientan enfrente de mí. Me cruzo
5 la mirada con algunas de ellas. Nadie me conoce. Nadie sabe nada de mí. No saben dónde vivo, si tengo hermanos o a qué colegio voy. No saben qué música me gusta, quizá se preguntan si tengo novia o cómo se llama. Puede que piensen que estoy haciendo pellas y que llevo tabaco escondido en mi mochila.
10 No saben que soy hijo de Gerardo Gil-Matías, no saben que ese político del que ahora se habla tanto es mi padre.

Me gusta que todo lo que yo soy sea un secreto guardado en mi interior. Yo tampoco sé nada de las personas que se sientan enfrente de mí. Me gusta que sea así. Cuando me cruzo la
15 mirada con alguna de esas personas, a veces le echo morro y aguanto la mirada y consigo que el otro aparte la suya. No saben nada de mí. Nadie me da el coñazo, nadie me mira con curiosidad. Nadie afila los colmillos tras una expresión de falsa simpatía. ¿Dimisión, corrupción, dinero? ¿Qué dimisión,
20 qué corrupción, qué dinero, dinero, dinero…? Aquí todo es más sencillo y más limpio. Se puede pensar, o, mejor dicho, se puede no pensar con libertad.

Paso la mitad de la mañana en el metro, de aquí para allá, de vagón en vagón y de línea en línea. Las líneas son
25 colores y números, las estaciones son nombres y los vagones, personas. Me detengo en los pasillos y escucho las actuaciones musicales que me gustan. Un tipo convierte el contrabajo en un instrumento de percusión. Es la bomba el sonido metálico de las cuerdas cuando las golpea con los dedos. Un negro me
30 da la brasa para que le compre un DVD. Al final me da pena y le compro la última de Piratas del Caribe para Javier.

---

2 **pasar de largo** ≠ parar, ≠ detenerse – 3 **fijarse** prestar atención – 15 **echarle morro a uc** *Esp coloq* mostrar descaro o desvergüenza – 17 **dar el coñazo** *Esp coloq* molestar – 18 **afilar** sacar punta – 18 **un colmillo** diente en punta (Eckzahn) – 28 **la bomba** *coloq* muy bueno – 29 **una cuerda** Saite – 31 ***Piratas del Caribe*** película de piratas con Johnny Depp

Me bajo en una parada del centro, me voy a un parquecillo que hay al lado de una iglesia y me tomo un bocata en un banco. Varios mendigos que hay en los dos bancos de al lado hablan y discuten con voz cazallera.

5 A las dos, cuando cierran las tiendas, las calles pequeñas de barrio se quedan más vacías. Las grandes calles comerciales siguen muy animadas, pero ese rollo de compras y bullicio y demás no me apetece. Vuelvo a meterme en el metro. El ambiente ahora es muy distinto. La gente habla más que por la 10 mañana. Va más contenta.

Un grupo de seis chicas de la universidad van de risas hablando de sus profesores. Deduzco que son de Empresariales o algo así, por sus comentarios. Cada vez que una de ellas se baja en una parada, le da dos besos a todas las demás. Da igual 15 que vayan a verse mañana, ellas son así. A mí también me gustaría que me dieran dos besos cada una de ellas.

El vagón está ya mucho más vacío y solo queda una de las chicas. Es bastante guapa. Al sentarse ha sacado su iPod de su mochila y ha empezado a oírlo. Tiene la mirada fija en el suelo. 20 Se nota que no para de pensar. Un poco antes de su parada se pone de pie y se coloca delante de la puerta. Se mira en el cristal. Se toca un párpado y se ordena un poco el pelo. Bajo detrás de ella como si esta fuera mi parada de toda la vida. No sé ni dónde estoy.

25 Sigo a la chica muy de lejos. No tengo ni idea de lo que estoy haciendo, pero me gusta. Al llegar al semáforo de una calle más ancha la chica se sube a un cuatro por cuatro y le da dos besos a alguien que no consigo ver bien. Me da tiempo a llegar junto al coche y ver al que sin duda es el padre de la chica. Cruzo 30 rápidamente el paso de cebra por delante de ellos. Luego me paro, no sé dónde estoy, comienzo a andar y tengo la suerte

---

1 **una parada** lugar para tomar un medio de transporte público – 3 **un mendigo** up que pide dinero en la calle – 4 **cazallero** de beber *aguardiente* (Schnaps) – 7 **un bullicio** ruido de mucha gente – 12 **deducir** sacar una conclusión – 12 las ciencias **empresariales** *pl* Betriebswirtschaft – 21 **colocarse** ponerse, situarse – 22 **un párpado** Augenlid – 26 **un semáforo** aparato con tres colores para regular el tráfico – 27 **un cuatro por cuatro** todoterreno

de encontrarme con un panel informativo con un mapa del barrio. Estoy en el culo del mundo pero decido volver andando a casa. No creo tardar en ningún caso más de una hora.

Un rato después tengo calor y sudo y la mochila me estorba.
5 El camino es un tostón y estoy hasta el gorro, pero me he propuesto hacerlo andando y lo haré. Llego a mi barrio a las cinco pasadas, una hora antes de que Javier salga de su clase de música. Si quisiera, yo mismo podría entrar en mi clase de inglés, pero no voy a entrar. Me compro una Coca-Cola y
10 espero en la acera de enfrente de la escuela de Javier. Me siento en una pequeña franja de césped que hay, con la espalda apoyada en un muro caliente por todo el sol que le ha dado durante la mañana. Creo que doy alguna cabezada.

Espero a Javier en la puerta. En cuanto me ve, me pregunta por
15 qué no he ido al colegio, claro. El enano siempre se entera de todo. Le pregunto si le ha contado algo a nuestra madre. Me dice que no. Le regalo el DVD de *Piratas del Caribe* a cambio de que siga sin contar nada. Le digo que no me apetecía ir al cole y que he estado paseando por la ciudad. Qué morro, me
20 dice, pero no me pregunta más. Supongo que en el fondo cree que no ha sido eso lo que he hecho.

—¿Va a venir mamá o tenemos que ir andando? —le pregunto.

—Me ha dicho que igual se retrasaba, que fuéramos
25 andando.

Empezamos a hacerlo. Me duele el dedo de un pie, está claro que me he hecho una herida por caminar tanto.

—¿Tu podrías pisar una oruga? —le digo.

—Aposta no.

1 **un panel** *cartel* (Plakat) – 2 **el culo del mundo** *coloq* lugar muy lejano – 4 **sudar** perder agua del cuerpo – 4 **estorbar** molestar – 5 **un tostón** *Esp* rollo, uc aburrida – 5 **hasta el gorro** *coloq* harto – 10 **una acera** parte de la calle para los peatones – 11 **una franja** porción, parte – 13 **dar una cabezada** dormirse – 19 *tener* **morro** *coloq* ser un caradura, tener descaro – 20 **en el fondo** *loc* en realidad – 24 **retrasarse** llegar tarde – 29 **aposta** *Esp* a propósito, queriendo, con intención

—Pues creo que yo sí. Me dan tanto asco que si viera una en mi habitación, me la cargaría.

—Sea asquerosa o no a ella le va a doler igual. Además, no creo que ella piense que es asquerosa.

5 —Ya, pero en el caso de las orugas me importa menos su sufrimiento.

—Pues muy mal.

—De todas formas yo creo que tu profe exageró un poco con la historia esta.

10 —¿Por qué?

—No lo sé, creo que no se puede vivir de esa manera, obsesionado con el daño que a lo mejor le haces a unos seres tan sumamente limitados. Yo creo que cuando te empeñas en no matar animales para evitar su sufrimiento, en el fondo es

15 tu sufrimiento el que quieres evitar. Fíjate, creo que si tú pisas una hormiga, sufres más tú que la hormiga.

—Pues no. Tenías que haber visto la película que vimos en casa de los primos, la de *Cariño, he encogido a los niños.* Es alucinante, porque cuando los niños se transforman y se

20 vuelven del tamaño de una hormiga y tienen que evitar que los pisen las personas o que los coman otros bichos más grandes es cuando entiendes lo que sienten esos animales.

—Las hormigas no piensan ni sienten como los niños, Javier.

—¿Y tú cómo lo sabes?

25 Resoplo.

—Pues no lo sé. Es verdad. Pero casi prefiero no saberlo.

—¿Por qué?

—¿Sabes que hay gente que acaba emparanoiándose completamente con este rollo? Hay gente que por no matar

30 se niega a comer cualquier ser vivo o derivado de ser vivo, que para no matar bacterias o microorganismos se niega a lavarse y que para no destruir vida vegetal, en el colmo del delirio, se

---

13 **empeñarse** querer uc intensamente – 19 **alucinante** increíble – 25 **resoplar** sacar mucho aire por la boca – 28 **emparanoiarse** *rar* obsesionarse – 30 **derivado** procedente, que viene de uc – 32 **el colmo** punto más alto de uc

niega a comer verduras y cereales y cualquier cosa, y acaba dejándose morir. Hay que tener cuidado con esas rayadas, enano.

—Yo no voy a hacer nada de eso. ¿Te crees que estoy zumbado?

—Espero que no.

—Pero creo que tú, si esta noche vieras una oruga en tu habitación, no serías capaz de pisarla —y se ríe.

—¿Ah no? ¿Y por qué dices eso? —le digo.

—Porque sí. Porque se te nota.

Hoy mi madre ha suspendido su tertulia de los lunes. Supongo que no tiene ganas de hablar de arte ni de literatura ni menos aún de política.

La luz de la ventana de Pauline se enciende y ella entra al dormitorio. Parece que se agacha, que coge algo del suelo y después se marcha por la izquierda. Vuelve a cruzar el rectángulo amarillo de su ventana un par de veces y finalmente echa la cortina. Ya solo queda una sombra que se mueve tras la tela. Quizá se desnuda y abre la cortina y me enseña su cuerpo desnudo. Entonces quizá yo encendería también la luz de mi habitación y volvería a acercarme a la ventana. En pocos segundos ella apagaría su luz. Yo la mía. Ella volvería a encenderla cuando ya se hubiera puesto una bata. Yo volvería a encender la mía cuando me hubiera desnudado. Luego yo apagaría mi luz y ella la suya, y ya nada más.

Pero nada de esto ocurre. Lo que ocurre es que un coche de policía se detiene delante de casa. Se abren las puertas de atrás. Por una baja mi padre, por la otra un policía que le acompaña hasta la misma entrada de casa. Luego el policía se vuelve al coche y entra por la puerta del acompañante. El coche no se mueve de allí. La tirita que me he puesto en el dedo del pie me

---

1 **un cereal** Getreide – 2 **una rayada** *coloq* locura – 5 **zumbado** *coloq* loco – 11 **suspender uc** dejar de hacer uc programada – 15 **agacharse** bajarse, doblarse – 18 **echar** *aquí:* cerrar, mover uc – 18 **una cortina** tela que tapa una ventana – 19 **desnudarse** desvestirse, quitarse la ropa – 23 **una bata** abrigo fino para estar en casa – 30 **un acompañante** *aquí:* copiloto – 31 **una tirita** protección para heridas (Pflaster)

tira de los pelos. Me la quito muy despacio, pero aun así me hago mucho daño. El coche de policía sigue allí. ¿Por qué no nos dejan en paz de una maldita vez?

Sueño que mi padre nos lleva a Javier y a mí al colegio. Javier va
5   en el asiento de atrás sin dejar de hacer preguntas a mi padre. Yo soy incapaz de abrir la boca.
—¿Has aceptado sobornos? —le dice.
—No, hijo, no.
—¿Y has aprobado ilegalmente proyectos de construcción?
10   —Pues no.
—¿Has utilizado tu cargo político para enriquecerte?
—No, categóricamente no.
—¿Has abusado de un poder que te ha otorgado el pueblo?
Ahora mi padre suelta una carcajada. Me mira y dice que
15   Javier se ha convertido en mi sucesor, en el nuevo jefe de la oposición. No puedo responder. Es como si no conociera ninguna palabra, como si nunca más fuera a abrir la boca en presencia de mi padre. Me bajo del coche y entro al colegio. El colegio está desierto. No hay nadie en ningún sitio y sin
20   embargo tengo la sensación de que me están observando. Lo hacen desde lugares muy distintos al mismo tiempo.

Me despierto muy temprano. El sueño, que ahora me parece ridículo, se diluye muy rápido. Me ducho y me visto en mi habitación. Oigo que mi padre sale de la suya. Poco después
25   oigo la puerta de casa. Me asomo y veo que mi padre vuelve a subir al coche de policía, que ha debido de pasar toda la noche allí. Mi madre me dice en el desayuno que un juez está investigando el caso y ha llamado a declarar a mi padre. En

---

1 **tirar** ziehen – 7 **un soborno** dinero ilegal a cambio de uc – 11 **enriquecerse** ganar dinero, hacerse rico – 13 **abusar** aprovecharse, usar mal – 13 **otorgar** dar – 15 **un sucesor** up que continúa con *p ej* una tarea – 23 **diluirse** desaparecer, *aquí:* olvidarse – 27 **un juez** Richter – 28 **declarar** responder preguntas ante el juez

principio hoy termina su declaración. Dice mi madre que el juez le va a dejar en libertad sin cargos, que está segura, que no cree que el juez encuentre pruebas suficientes para considerar que hace falta una investigación más detallada ni un juicio
5 posterior.

El anormal de Javier me pega un susto de muerte: ha dado un golpe bestial sobre la mesa con un vaso boca abajo. Dentro hay un moscardón.

Huele a café. La gente fuma a mi alrededor y lee el periódico.
10 Es agradable este café del centro, aunque no hay nadie de mi edad. La mirada y la sonrisa que me ha dirigido Javier en la puerta del colegio me hacen pensar que no hará falta ningún otro regalo para comprar su silencio. He traído mi cómic y dibujo en él. Decido cargarme todo lo de los insectos. Del rollo
15 de los muertos y demás me olvido también. Vuelvo a la viñeta en la que los dos están bailando y bebiendo champán después de que él haya traído un generador eléctrico. La situación podría desembocar en una escenita de cama, pero me parece un poco cutre dibujar eso.

20 En el Burger hay una cola increíble, pero espero. Pido dos hamburguesas, patatas y un helado, y busco una mesa donde sentarme. Encuentro una junto a la ventana. Es un primer piso bastante alto y las personas que atiborran la calle se ven lejanas y extrañas, como si fueran de una especie diferente a la
25 mía. En realidad también las personas que hay en las mesas de alrededor me parecen de una especie diferente a la mía. Quiero decir que todo lo que veo en ellas me resulta ajeno, y supongo que todo lo que ellas ven en mí les resulta ajeno.

1 **una declaración** testimonio ante el juez – 2 **un cargo** responsabilidad, culpabilidad – 6 **pegar un susto de muerte** asustar mucho – 7 **boca abajo** hacia abajo, al revés – 8 **un moscardón** *mosca* (Fliege) grande y peluda – 18 **desembocar** ir a dar, provocar – 19 **cutre** *Esp coloq* de mala calidad, pobre – 20 **una cola** fila de gente – 23 **atiborrar** llenar – 24 **una especie** Art – 27 **ajeno** lejano, sin relación

Cada día me parece más difícil comunicarme con las personas, o encontrar personas con las que comunicarme, que no sé si es lo mismo.

Pasa un autobús, verde, con dos compuertas de emergencia
5 en el techo blanco. En la parte de atrás puede leerse un letrero que dice: «Este autobús se mueve con Gas Natural». Mi padre consiguió que también en los autobuses interurbanos, o en gran parte de ellos, se utilizara el gas natural como combustible, que es un noventa por ciento menos contaminante que el
10 gasoil.

No tengo ganas de pensar en mi padre. Muerdo una de las hamburguesas. Mojo las patatas en el ketchup.

Mis padres llegan a casa cerca de las diez, los dos juntos. Javier ha cenado con Estrella, pero yo me he quedado en mi
15 habitación. No tengo hambre, tengo el estómago raro, creo que las hamburguesas no me han sentado demasiado bien. Mi madre llama a la puerta y entra. Se la ve activa, con mucha energía, pero su gesto es serio. Está claro que sabe algo. Se apoya en la mesa y se cruza de brazos. Yo sigo tumbado en la
20 cama.

—¿Qué ha pasado? ¿Dónde has estado? —me pregunta.

—Cuándo.

—Ayer y hoy. Lo sabes de sobra.

Me encojo de hombros. No tengo malditas las ganas de
25 hablar de este tema.

—Ha llamado la jefa de estudios. ¿Dónde has estado, Gerardo?

—Por ahí, no me apetecía ir al colegio.

—¿Por qué?

---

4 **una compuerta** *aquí:* ventana en el techo – 5 **un letrero** cartel – 7 **interurbano** entre ciudades – 8 **el combustible** Brennstoff – 9 **contaminante** que ensucia el medioambiente – 18 **serio** ernst – 23 **de sobra** *loc* más que suficiente, *aquí:* muy bien – 24 **encogerse de hombros** subir los hombros (para mostrar que no se sabe uc)

Vuelvo a encogerme de hombros. Mi madre asiente. Parece dar por válida esa respuesta.

—Tengo una noticia que te va a gustar. El juez ha dejado en libertad sin cargos a papá. Las cosas empiezan a ponerse en su
5 sitio.

—¿Ah sí? —digo.

Siento alivio, siento alegría, pero no soy capaz de mostrárselo a mi madre.

— la discusión con su padre

Ahora es mi padre el que entra en la habitación. Cierra la
10 puerta tras de sí. Me quedo de pie, aunque mi padre se sienta en mi silla. Cotillea un poco en mi cómic. Afortunadamente se guarda cualquier comentario al respecto.

—Nosotros siempre hemos hablado las cosas.

—Bueno, no todas —digo.

15 —¿Qué no hemos hablado?

—Supongo que hay muchas cosas que tú nunca me has contado —le digo—. Me parece normal, después de todo.

—¿Y tú, me lo cuentas todo a mí?

—Pues no, tampoco.

20 —Quieres decir que entonces no somos un padre y un hijo que hablen las cosas.

—Algunas sí, y otras no. Lo normal.

—¿Quieres contarme algo?

—No tengo particular interés.

25 —¿Quieres que me vaya de la habitación?

Estoy a punto de decir que sí, pero finalmente me encojo de hombros.

—¿Por qué no has ido al cole?

Me siento en la cama. Estoy bastante mareado. Noto que mi
30 padre no deja de mirarme.

—La gente está muy pesada con el tema este. No pasa nada si falto unos días al colegio, papá.

---

2 **válido** que sirve – 4 **ponerse uc en su sitio** solucionarse, volver a la normalidad – 7 **el alivio** liberación, tranquilidad

—¿Y por ocultarnos la verdad, pasa algo? ¿Te hubiéramos impedido nosotros que te quedaras en casa si no te apetecía ir al colegio en estas circunstancias?

—No me apetecía quedarme en casa.

5 —Si no confías en nosotros, nosotros no podemos confiar en ti.

—Vale.

—Ya sé que no es el fin del mundo, pero prefiero que nos cuentes las cosas. Estás cambiando mucho, sé que pasan
10 muchas cosas por tu cabeza en este momento, pero me gustaría que recordaras esto: nosotros vamos a estar siempre aquí.

Asiento levemente. Pase lo que pase el resumen de mi padre siempre es el mismo. Estás cambiando mucho, hijo, necesitas
15 espacio, distancia, libertad, autonomía. Pero no olvides de dónde vienes. Hay distancias que pueden ser irrecuperables. Así que ya sabes, un ojo allí y el otro aquí.

Es curioso, para mi padre solo existe una posibilidad: soy yo el que se mueve.

20 —Tú no hagas caso de nada de lo que digan —dice ahora, como distraído, mirando a su alrededor—. Vivimos en un gran gallinero, pero todo esto es ruido y durará bien poco, ya lo verás.

—¿Qué quisiste decir —me atrevo a preguntar de pronto—
25 con eso de que las grabaciones habían sido manipuladas a mala fe?

Mi padre me mira pero no sé si voy a ser capaz de soportar su mirada. Estoy muy nervioso.

—Que son falsas. Es cierto que yo tuve una comida con ese
30 empresario, algo completamente normal, y es cierto que es mi voz en muchas ocasiones la que se oye. Pero no en otras. Está todo desordenado, recortado y, cuando les ha parecido bien,

---

1 **ocultar** ≠ mostrar, *aquí:* no decir – 13 **leve** ligero, un poco – 16 **irrecuperable** perdido para siempre – 21 **distraído** ≠ concentrado – 22 **un gallinero** *aquí:* lugar donde hay mucho ruido – 30 **un empresario** hombre de negocios

directamente inventado. Tú sabes lo fácil que es copiar una voz con un ordenador y conseguir que diga lo que te interesa.

—¿Y quién lo grabó? —la voz me tiembla un poco.

—No tengo ni idea, hijo, supongo que alguien del restaurante estaba conchabado con un periodista. Porque el empresario no pudo ser, sería el último interesado en grabar algo así.

—¿Por qué? Dices que en la comida no hubo nada raro.

—Claro que no, pero este montaje absurdo que han hecho va tan en contra suya como mía, o sea que no creo que él tenga mucho que ver.

—¿Comes muchas veces con empresarios?

—Sí, a veces, pero…

Deja de hablar. Se queda mirándome con la cabeza inclinada.

—¿Me estás interrogando, hijo?

—Para nada.

—Parece que dudas de mí. ¿No te vale con que el juez lleve dos días machacándome a preguntas? ¿Piensas que puedes descubrir detalles que el juez no descubre?

—¿Es tan raro lo que pregunto?

—¡Es rara la actitud! ¡Esa actitud inquisitorial! —definitivamente mi padre se ha calentado.

—¡O sea, que todo el mundo te puede preguntar cosas, todo el mundo puede hablar de esto, pero yo no tengo derecho a enterarme de nada ni a entender nada!

—¡¡No tienes nada que entender ni nada que preguntar!! ¡¡Solo tienes que creer a tu padre!!

—¡Te creeré si me explicas algo!

—¡¡Pero que yo no tengo nada que explicarte a ti!! ¡¡Eres mi hijo y ese ya es un motivo más que suficiente para apoyarme y no dudar de mí!! —aparta la mirada de mi cara como si fuera

---

3 **grabar** aufnehmen – 3 **temblar** vibrar (zittern) – 5 **conchabado** asociado, unido para hacer uc ilegal – 14 **inclinado** hacia un lado – 18 **machacar a up** *fig* golpear mucho – 22 **calentarse** *coloq* enfadarse

un apestado—. Es el colmo, el otro bando metido en mi propia casa.

Sonrío y niego con la cabeza. Eso del otro bando me parece ya patético.

5 —No te pongas irónico encima. A ver si te bajan ya esos humos, majo.

—No soy de ningún bando…

—¡¡¡Pues deberías serlo!!! ¡¡¡Del mío!!!

—¡Así, por principio…!

10 —¡¡¡Pues sí, por principio!!! ¡¡¡El principio que te dicta el corazón, el principio que te da el conocimiento de una persona que te lo ha dado todo durante dieciséis años!!!

—¿Y si esa persona resultara ser otra distinta de la que yo pensaba? ¿No tengo el derecho al menos a averiguar si eso es 15 así?

Mi padre se queda mirándome. Creo que esto le ha hecho verdadero daño. Nunca me ha dado una torta, pero creo que ahora no le ha faltado demasiado. Se da la vuelta, sale y, sin dejar de darme la espalda, dice:

20 —Estúpido.

Hay un ratón blanco, el que se quedó apresado en el desagüe del garaje, que me tengo que comer. No sé si lo que tengo que hacer es comérmelo o conseguir que desaparezca, pero es como si ese ratón lo ocupara todo y estuviera todo el rato 25 delante de mí y no me dejara hacer nada.

Me levanto con unas náuseas horribles, con la boca llena de saliva y devuelvo en el váter. Está claro que las hamburguesas no me han sentado bien. Una mano me acaricia el pelo y otra

---

1 **apestado** enfermo infeccioso (→ peste) – 1 **ser uc el colmo** *loc coloq* ser lo que faltaba, el máximo insuperable – 1 **el otro bando** *aquí:* oposición, enemigos – 5 **bajar los humos a up** *loc coloq* controlar la arrogancia – 10 **dictar** decir – 14 **averiguar** descubrir, conocer – 17 **una torta** tortazo, bofetada – 21 **apresado** preso, encerrado – 21 **un desagüe** agujero para salir el agua – 26 **una náusea** ganas de vomitar – 27 **la saliva** agua producida en la boca – 27 **devolver** *coloq* vomitar – 27 **un váter** wc – 28 **acariciar** tocar suavemente con la mano

mano me sujeta por el hombro. Es mi madre. Me acompaña a mi cuarto y me pregunta qué he comido y qué he cenado. Me fijo en que, a pesar de las horas, mi madre no va con camisón, sino con la misma ropa que por la noche.

5 Me despierto una hora después, a las cuatro de la madrugada. Tengo muy mal sabor de boca y decido bajar a la cocina a por una Coca-Cola. La Coca-Cola es buena para el estómago.

La luz del salón está encendida. Bajo el primer tramo de escaleras y me detengo. Mi padre y mi madre están junto a 10 la chimenea. En este momento me dan la espalda porque están agachados sacando un montón de papeles de cajas de cartón y de archivadores. No se han percatado de mi llegada. La chimenea arde con fuerza. Primero mi padre, y luego mi madre, cogen un buen taco de hojas y lo echan al fuego.

15 —Ah, hijo —dice mi madre, que intuitivamente ha mirado a su alrededor al echar las hojas y me ha descubierto—. ¿Qué pasa? ¿Te encuentras bien?

No soy capaz de decir nada, de bajar o subir las escaleras.

—¿Quieres ayudarnos, hijo? —dice mi padre—. Espero que 20 no estés pensando nada raro.

Niego apenas con la cabeza.

—Todo esto es morralla administrativa. No es que tenga que esconder nada, pero sinceramente no tengo ganas de dejarle a mi sucesor muchas pistas sobre mi manera de hacer las cosas. 25 Que se busque las habichuelas ese mamón.

Mi madre se ha sentado en el sofá, con las piernas juntas, echada hacia delante y gesto de cansancio. Me mira. No parece una hora muy lógica para deshacerse de la «morralla».

---

5 **la madrugada** mañana – 8 **un tramo** cada parte en que se divide uc (Abschnitt) – 10 **una chimenea** Kamin – 12 **un archivador** carpeta (Aktenordner) – 12 **percatarse** notar, darse cuenta – 13 **arder** *quemar* (brennen) – 14 **un taco** grupo de hojas – 22 **la morralla** uc de poco valor o importancia – 24 **una pista** información, señal para averiguar uc – 25 **buscarse las habichuelas** sobrevivir, ganarse la vida – 25 **un mamón** *vulg* insulto despreciable, indeseable – 28 **desahacerse de uc** eliminar, hacer desaparecer

—Me voy a acostar. No me encuentro muy bien —digo.

No consigo pegar ojo el resto de la noche. La bala que te mata es la que no oyes pasar, pero esta lleva sonando ya varios días.

5 Me visto. Hace ya mucho que mis padres se han acostado. Falta poco para que amanezca. Meto ropa y mi neceser en una bolsa de deportes. Cojo todo el dinero que tengo escondido en la estantería y me lo guardo en el pantalón. Cojo también mi mochila con el cómic, el móvil, el iPod y demás. Bajo en
10 silencio. No enciendo ninguna luz. Salgo de casa por una ventana, no quiero hacer ruido con la puerta. Camino a toda velocidad calle arriba, muerto de frío y de hambre. Cada vez que paso junto a una farola mi propia sombra me adelanta y se estira por delante de mí. No hay casi ruidos. Siguen viéndose
15 las estrellas, aunque ya no sobre un fondo completamen-te negro. Es azul, azul muy oscuro. En algunas casas hay ya ventanas iluminadas.

Me imagino que empieza una parte diferente del cómic. Han pasado algunas semanas. Vemos que el chico ha aprendido a
20 conducir y es el rey de la ciudad desierta. Conduce como le da la gana y por donde le da la gana, en un mundo sin reglas, sin semáforos y sin direcciones prohibidas. Cuando un coche se queda sin gasolina, coge otro. Cuando un coche no es lo suficientemente potente o no le funciona la música, coge otro.
25 Resulta fácil entrar a las casas, localizar las llaves y sacar los coches de los garajes.

Me imagino una escena perfectamente: el tipo recorriendo El Corte Inglés con una linterna. Lo imagino, por ejemplo,

2 **no pegar ojo** *coloq* no poder dormir – 6 **amanecer** hacerse de día – 6 **un neceser** Kulturbeutel – 13 **una farola** lámpara de calle – 13 **adelantar** ir por delante – 14 **estirarse** alargarse – 17 **iluminado** con luz – 23 **la gasolina** combustible de petróleo – 27 **recorrer** ir por un espacio o lugar – 28 **El Corte Inglés** cadena de centros comerciales

seleccionando los discos que más le gustan, o las películas o las zapatillas de deporte. En el supermercado huele fatal porque toda la carne y el pescado se han podrido, pero siguen quedando infinidad de productos envasados en perfecto
5 estado. Sube a pulso un carrito vacío de supermercado por las escaleras mecánicas, que obviamente no funcionan. Deja el carrito en la calle y hace viajes con bolsas de plástico repletas de alimentos envasados hasta llenarlo. En el último viaje se detiene ante un maniquí con una ropa de chica que le gusta
10 y se la quita y la mete también en la bolsa. Le gusta llevarle regalos a ella.

Tiene el coche aparcado de cualquier manera en el centro de la avenida. Guarda todo, da una patada al carrito vacío del supermercado y regresa a casa a toda velocidad, atravesando
15 la ciudad desierta. Los semáforos están apagados. Muchos árboles están secos. El césped y las plantas de las medianas son, desde hace ya mucho, de color marrón.

Le llamo a media mañana. Los viejos juegan a mi lado a la petanca. Está currando y me dice que vaya a su casa a partir
20 de las siete. Me tomo dos donuts y un batido de vainilla. Oigo los mensajes que me ha dejado mi madre. La llamo. El más pequeño de todos los viejos no puede evitar una sonrisa de felicidad después de su lanzamiento.

—Sí, estoy bien, tranquila.
25 No tengo ni puñetera idea de cómo estoy, pero si tú me preguntas si estoy bien, yo te respondo que sí, mamá, estoy bien.

---

3 **pudrirse** estropearse (verfaulen) – 4 **la infinidad** gran número de uc – 4 **envasado** empaquetado *p ej* en latas – 5 **a pulso** *loc* solo con las manos, sin ayuda de nada – 7 **repleto** lleno – 9 **un maniquí** muñeco de tamaño natural – 13 **una patada** golpe con el pie – 14 **atravesar** cruzar – 16 **una mediana** separación entre las direcciones contrarias de una autopista – 19 **la petanca** juego con pelotas de metal (Boule) – 19 **currar** *Esp coloq* trabajar – 20 **un batido** leche mezclada con *p ej* fruta (Milchshake) – 23 **un lanzamiento** tirada (→ lanzar)

A las siete estoy en la puerta de la buhardilla de Peki. Las escaleras y los pasillos del edificio me parecen de lo más cutres. Mi primo me recibe con una especie de chilaba blanca que le da un aspecto como hindú muy raro. Me da un abrazo
5 y me enseña el cuarto donde voy a dormir. El techo es muy bajo. El único lugar donde puede caber una persona de pie está ocupado por un armario con la ropa de Peki. Dice que tampoco es plan que me salga chepa tan joven y me pide que le ayude a sacar el armario de allí. El cuarto tiene un colchón
10 en el suelo, pósters de arte por las paredes, una lámpara hippie que da muy poca luz y un ventanuco desde el que se ve la calle. Exactamente lo que necesito.

Peki prepara unos espaguetis. Tiene veinticinco años y se ha independizado de sus padres hace unos meses. Ha dejado la
15 carrera de Bellas Artes y ahora trabaja para una productora de cine, construyendo decorados y cosas de esas. Aunque es mayor que yo, me cae bien y creo que yo le caigo bien a él. De todos mis primos es el mejor. Lleva una coleta que le cubre toda la espalda y es muy fuerte, tanto que a mí al menos
20 siempre me hace daño al chocarme la mano o abrazarme.
Mientras cenamos me pregunta qué tal estoy y por qué me he ido de casa. Le digo que necesitaba pensar y escapar del ambiente enrarecido de mi familia. Le digo que en realidad me gustaría quedarme en su buhardilla más de una noche, que no
25 tengo ganas de volver a mi casa. Peki dice que él respeta mi decisión y tiene el detalle de no preguntarme nada más. Insiste en no cobrarme nada por mi estancia, pero yo le digo que prefiero pagarle. Mi padre me puso hace tiempo una cuenta con

---

3 **una chilaba** prenda de vestir árabe con capucha – 6 **caber** entrar – 8 **una chepa** *Esp coloq* joroba (Buckel) – 9 **un colchón** Matratze – 11 **un ventanuco** ventana pequeña – 15 **Bellas Artes** carrera que estudia el arte – 16 **un decorado** conjunto de cosas que representan una escena *p ej* en teatro – 17 **caer bien a up** serle up simpática, agradable a up – 18 **una coleta** pelo sujeto *p ej* con una goma – 23 **enrarecido** contaminado (→ raro) – 27 **cobrar** recibir dinero por uc – 27 **una estancia** tiempo que up está en un lugar

algo de dinero. No me apetece usarla, pero lo haré si no me queda más remedio.

—No sé cuánto tiempo voy a estar, Peki, aunque si sabes de algún curro podías avisarme.

Peki se queda pensando mientras come.

—El dinero es una mierda —dice—. Para ti sería mejor que no me pagaras nada y no trabajaras.

—Pero para ti no, prefiero…

—La mitad de la compra, está bien —dice, mientras dibuja con un rotulador sobre un periódico doblado. Es un carrito de supermercado que divide en dos con una raya.

Abro el ventanuco y miro hacia abajo. Las aceras de la calle son estrechas. Una pequeña furgoneta está delante de la tienda de comestibles. Dos chinos descargan un montón de bolsas de hielo y las dejan en la acera. El chino de la tienda las va guardando en el interior. Uno de los tres coches que esperan empieza a pitar. Los dos chinos se suben muy tranquilos en su coche, como si no hubieran oído nada, y se van. La calle se queda vacía. El chino de la tienda sigue guardando bolsas de hielo.

Cierro el ventanuco y me tumbo en el colchón. Estoy agotado. Oigo más el ruido de la tele de Peki en la habitación de al lado que el ruido de la calle. Si echas una bolsa de hielo a una chimenea con fuego, ¿qué pasa?, ¿quién puede más? Los viejos juegan a la petanca, esa imagen me persigue antes de quedarme dormido.

Me despierto a las siete y media. Sé perfectamente dónde estoy, como si una parte de mí no hubiera descansado en toda la noche. Sin embargo, tardo un rato en averiguar qué día de la

---

10 **un rotulador** *Esp* Filzstift – 13 **una furgoneta** coche grande para transportar mercancia – 14 **los comestibles** *pl* alimentos – 14 **descargar** sacar uc de un lugar – 17 **pitar** tocar el claxon (hupen)

semana es. Jueves. Último día de clase antes de Semana Santa.
A esta hora mi madre está a punto de entrar al cuarto de Javier
para despertarle. No quiero pensar en el colegio ni en la gente
del colegio. Estoy bien aquí. No sé lo que va a pasar dentro de
5 un rato, ni esta tarde, ni mañana, ni pasado. Solo sé que de
aquí no me mueve nada ahora mismo. Me incorporo un poco,
apoyo la espalda en el almohadón y me arropo bien con la
manta hasta la cintura. Empiezo a leer un libro que Peki me
dejó anoche. Es de un indio que se llama Krishnamurti. Tiene
10 el pelo blanco y cara de mujer.

Peki me lo recomendó después de cenar, en un rato en
que estuvimos hablando un poco de todo, del colegio, de la
universidad, de política… Dijo que seguro que me encantaba,
que lo leyera muy despacio y que si no entendía algo no me
15 preocupara, que siguiera adelante. Tengo la mente despejada.
Me concentro bien en lo que leo. El tipo habla como si fuera
el más sabio del mundo. Yo creo que está convencido de que
lo es. Tiene un punto de iluminado, pero está bien lo que dice.
La primera parte del libro es una charla con estudiantes. Ha-
20 bla sobre la educación y dice que normalmente a la gente se
la educa para que forme parte de la corriente, para encajar
dentro de la sociedad y de la actividad económica. Pero
dice que esa no es la verdadera educación. Que la verdadera
educación debe precisamente enseñar a salir de la corriente.
25 Enseñar a vivir, no según viven los demás, sino según cada
cual. No enseñar a repetir lo que dicen los libros, lo que dicen
los otros, sino enseñar a descubrir lo que cada uno es y vivirlo
sin temor.

El tipo le dice a los estudiantes que si no tienen mucho
30 cuidado terminarán siendo personas tan ordinarias como

---

7 **un almohadón** cojín para la cabeza – 7 **arroparse** taparse – 8 **una manta** Decke –
8 **una cintura** Taille – 9 *Jiddu* **Krishnamurti** (1895, 1986) escritor y orador en materia
filosófica y espiritual sobre cómo cambiar positivamente la sociedad – 15 **la mente**
cabeza, pensamiento – 15 **despejado** que entiende rápidamente, concentrado – 18 **un
punto** toque, uc, un poco – 18 **un iluminado** sabio, up que ha recibido un don – 21 **la
corriente** *aquí:* masa de gente, mayoría – 21 **encajar** adaptarse, formar parte de uc –
26 **cual** uno, persona – 28 **el temor** miedo – 30 **ordinario** corriente, normal

esas que él ve en los aeropuertos o en las reuniones. Entonces un estudiante le pregunta qué quiere decir con la palabra «ordinario» y él responde que ser ordinario es ser como el resto de los hombres, compartir sus preocupaciones, su
5 corrupción, su violencia, su brutalidad y su indiferencia. Es vivir solo para el trabajo. Es no tener nada nuevo, nada fresco, carecer de alegría vital, no ser nunca curioso, apasionado, jamás descubrir nada, y solo querer amoldarse. El estudiante le pregunta cómo puede librarse de ser ordinario y él le dice
10 que no puede librarse, que simplemente tiene que no ser ordinario. El estudiante no parece comprender, claro, e insiste. ¿Cómo? Krishnamurti dice que no hay «cómo». Que el hombre siempre está preguntando «cómo», que siempre quiere que los demás le digan cómo hacer las cosas, pero que para hacer
15 ciertas cosas no hace falta que nadie te diga cómo hacerlas. Por ejemplo, si ves una serpiente venenosa, no necesitas que nadie te diga cómo escapar de ella. Escapas de ella y ya está. Pues lo mismo hay que hacer si uno ve que se está convirtiendo en una persona ordinaria. Hay que correr, dejarlo, no mañana
20 sino instantáneamente, dice Krishnamurti.
    Mola. — la enseñanza (Krishnamurti)

Suena el timbre. Peki está trabajando y yo abro la puerta. Estaba convencido de que iba a venir, pero me molesta un montón ver a mi madre aquí. Se sienta en el futón, en lo que es
25 la otra estancia de la casa, que hace las veces de salón, cocina y dormitorio de Peki. Yo me quedo de pie. No tengo ganas de mucha charla.
    —¿Qué tal estás, hijo?
    —Bien. Dime lo que me tengas que decir, mamá, porque no
30 tengo demasiadas ganas de hablar. Ya te dije que de momento no pienso volver a casa.

---

7 **carecer** no tener, faltar – 7 **curioso** que tiene interés por saber cosas – 8 **amoldarse** adaptarse – 16 **una serpiente** Schlange – 16 **venenoso** que puede matar (→ veneno) – 21 **molar** *Esp coloq* gustar, ser estupendo – 25 **una estancia** habitación

—Quiero que sepas que puedo llegar a entenderte, entiendo que tengas necesidad de hacer esto, y creo que tu padre, muy en el fondo, también lo llega a comprender.

—Pues mejor.

5 —Pero lo que viste la otra noche en la chimenea no significa nada, Gerardo, no queremos que te quedes con una idea absolutamente equivocada e injusta.

—Prefiero no hablar de eso, mamá.

—¿Por qué?

10 —Es un callejón sin salida. Me contéis lo que me contéis yo nunca voy a tener elementos para saber si es cierto o no.

—¿Por qué íbamos a mentirte?

—Por lo mismo que mentiríais a Javier. Porque hay cosas que no se pueden contar a un hijo.

15 —No nos das mucha opción.

—No. Por eso no quiero que hablemos de ello.

—Pero ¿no crees que tu actitud no ayuda precisamente a arreglar las cosas en casa? No hace falta que te explique lo enfadado que está tu padre.

20 —O sea, que las cosas están mal en casa por mi culpa. Es el egoísta de G. que se ha ido de casa el que lo ha estropeado todo en lugar de arrimar el hombro con los demás, que es lo que tiene que hacer un buen hijo.

—Las ironías, hijo, si no te importa, te las reservas para
25 cuando hables con tu padre.

—Para algunas cosas os interesa que yo sea uno más, para otras no. Ya te he dicho que me parecería lógico que no me contarais la verdad, pero entonces no me podéis pedir que os apoye.

30 Mi madre niega con la cabeza.

—Si eres tan firme en tus opiniones es porque nosotros, y sobre todo tu padre, hemos hecho de ti una persona muy segura de sí misma.

---

10 **un callejón sin salida** *coloq* conflicto difícil de solucionar – 21 **estropear uc** *fig* romper, destruir – 22 **arrimar el hombro** *loc* ayudar, apoyar a up – 31 **firme** seguro

—Pues mira por dónde ahora no estoy seguro de nada. Por eso quiero estar solo, para ordenarme las ideas de una puñetera vez.

—¿Te has perdido algún examen?

5 —No.

—¿Qué te pasa con el colegio?

—No me pasa nada.

—Llevas una semana sin ir.

—Bueno, pues volveré, volveré al rebaño.

10 —Hoy os dan las vacaciones.

—Ya lo sé.

Mi madre abre su bolso y mira dentro. Me cuenta que han suspendido el viaje a Portugal, el que íbamos a hacer durante seis días mis padres, Javier y yo. La verdad es que no me había 15 vuelto a acordar de ese viaje. Saca un billete de cincuenta euros de su monedero y me lo da. No lo acepto.

—Tendrás que comer, no querrás que te invite el primo a todo.

—Tengo dinero mío, mamá, ahora no lo quiero.

20 Me mira un momento y vuelve a guardarse el dinero. Se levanta del futón.

—¿Sabes que esto es una locura, hijo? Solo tienes dieciséis años.

—No pasa nada, mamá.

25 —No, no pasa nada, ya lo sé —dice mi madre para sí.

Le pregunto qué tal está ella.

—Nunca me ha importado multiplicarme y cuidaros a los tres, pero estar en varios sitios al mismo tiempo no puedo hacerlo.

30 La acompaño a la puerta. Me pregunta cuándo voy a volver. Me insiste en que siga siendo yo mismo, que no haga ninguna locura, que le demuestre que soy capaz de utilizar la libertad que me está dando.

---

9 **un rebaño** *fig* grupo de animales (Herde) – 16 **un monedero** objeto para llevar el dinero (→ moneda) – 27 **multiplicarse** *fig aquí:* hacer muchas cosas a la vez

Me besa y se va.

Me tiro en el colchón. No necesito más, nada más, absolutamente nada más de lo que este colchón puede darme. El techo tiene grietas y desconchones. Suena un pitido en la
5 calle. Imagino a mi madre bajando las escaleras y caminando por la acera hasta llegar a su coche. Imagino a mi padre como una especie de silueta negra situada en algún lugar al norte de la ciudad, una sombra sin cara de la que no sale nada, con la que ya no hay comunicación posible.

10 Me llama el Abrebotellas. Está con Damián y Nacho Felguera. Como empiezan las vacaciones hoy han salido a la una. Es la primera vez, no sé por qué, que atiendo una llamada suya en muchos días. El tío puede ser muy pesado y muy insistente.

—¿Qué pasa, mariquita, que ya no quieres saber nada de los
15 colegas?

No le respondo nada concreto. Entonces me cuenta que a la rubia de Física se le ha muerto su padre. El Abrebotellas está emocionado porque la rubia no ha ido en toda la semana.

—Al principio pensábamos que estaba contigo —y se parte
20 de risa.

A mí me da pena de la rubia, pienso en lo que estará sintiendo ahora y en lo poco que le importará lo que diga o piense gente como nosotros.

—G. —dice entonces el Abrebotellas—, nos apuntamos a ir a
25 tu nueva casa.

—¿Quién te lo ha contado?

—Tu hermano. ¿Dónde es, tío?, pillamos el metro y vamos para allá. Los litros los llevamos nosotros.

—Ni se te pase por la cabeza, vale, ni se te pase.
30 —¿Por qué, tío?

---

4 **una grieta** Riss – 4 **un desconchón** *Esp* trozo de pintura suelto – 4 **un pitido** sonido agudo – 13 **insistente** que repite uc mucho – 14 **un mariquita** *despect* homosexual – 18 **emocionado** muy contento – 27 **pillar** *coloq* coger, tomar – 29 **pasar uc por la cabeza a up** pensar

—Porque no. Primero, porque no es mi casa, y segundo, porque no me apetece. Necesito estar una temporada solo, Abre. Sé que no puedes comprenderlo, pero es así.

—Joder.

5 —Lo siento, tío, cuando vuelva invito yo a la primera ronda.

—G., te voy a decir una cosa —dice entonces el Abrebotellas—. Te estás volviendo un bicho raro.

Oigo gritos y aplausos en la calle. Me asomo al ventanuco y veo la salida del pequeño teatro que hay en la esquina de la calle 10 atiborrada de gente. Un grupo de tipos, sin duda los actores de una representación que ya ha terminado en el interior del teatro, se dedican ahora a perseguir a la gente montados en los artilugios más extraños que quepa imaginar: bicicletas gigantes, bañeras móviles, ponis de color verde, escobas con 15 intermitente… El público observa, aplaude, corre y ríe. Como fin de fiesta, uno de los actores se asoma a una ventana del teatro con una especie de colador gigante y lanza hacia el aire una enorme nube de polvo blanco que debe de ser harina.

Desde mi ventanuco observo cómo poco a poco se dispersa 20 la gente. Finalmente la entrada del teatro se queda vacía y un par de chicas salen desde el interior y empiezan a barrer el polvo blanco de las aceras. Hace una noche buenísima. Pasa un grupo de chicos algo mayores que yo canturreando y lanzando piropos a tres tías a las que siguen. Uno de ellos lleva 25 un cebollón del veinte. Están celebrando las vacaciones.

Hacer unos espaguetis es la cosa más fácil del mundo. Los he hecho con ajo, pero el ajo se me ha quemado un poco y ahora me repite todo el rato. Me da corte utilizar la comida que tiene

2 **una temporada** un periodo no concreto de tiempo − 10 **atiborrado** lleno − 11 **una representación** *teatral* función, sesión, espectáculo − 13 **un artilugio** aparato, artefacto − 13 **quepa** (caber) *aquí:* poder, ser posible − 14 **una escoba** Besen − 15 **un intermitente** luz que se enciende y se apaga − 17 **un colador** Sieb − 19 **dispersarse** irse, separarse − 21 **barrer** limpiar con una escoba − 23 **canturrear** cantar a media voz − 24 **un piropo** cumplido, palabras de halago (Kompliment) − 25 **un cebollón** *coloq* borrachera − 25 **del veinte** *coloq* muy grande − 27 **un ajo** Knoblauch − 28 **repetir** volver a tener el sabor de uc − 28 **el corte** vergüenza

Peki en la cocina sin haber comprado yo nada todavía. Me he tomado los espaguetis viendo la tele y hasta me he servido una copita de un vino peleón que había en la nevera. Luego, mientras friego mi plato y la cacerola y limpio los fuegos,
5 pienso que mi primo se lo ha montado de coña con esta casa. Está claro que hay que ser como él para dar un salto así, pero lo ha conseguido y vive a cuerpo de rey.

Son casi las dos de la madrugada cuando le veo venir por la acera. Él no me ve a mí. Va con la mirada baja, como si
10 tuviera que concentrarse en esas zancadas largas y lentas tan características de él. Entra al portal y muy poco después oigo la puerta de casa. Salgo a saludarle. Me dice que está agotado. Pasa un momento al baño y luego me dice que tiene helado en el congelador, que si quiero un poco. Nos tomamos un vaso
15 cada uno, yo sentado a la mesa y él encima de su futón, con la espalda apoyada en la pared. Mi primo es un tipo increíble. Estoy muy contento de haber venido a su casa y estar ahora con él. El helado está raro, tiene pequeños cristalitos de hielo, pero no le digo nada.

20 Me pregunta qué he cenado. Yo le pregunto si ha estado de parranda. Dice que ha estado con unos colegas en un café de aquí al lado.

—Necesito un par de brazos fuertes mañana por la mañana. Hay que repanelar un decorado entero en cinco o seis horas.
25 ¿Tienes algo en tu agenda?

—He quedado con Krishnamurti, pero puedo cancelar la cita.

—¿Qué te ha parecido? —dice.

—Bien, muy bien, pero, en serio, ¿necesitas que te ayude?

---

3 **una copita** *dim* bebida alcohólica – 3 **peleón** *Esp* de mala calidad – 4 **fregar** lavar *p ej* los platos – 4 **una cacerola** olla, recipiente para cocinar – 4 **un fuego** *aquí:* punto donde se cocina – 5 **montárselo** *Esp loc coloq* organizarse – 5 **de coña** *Esp coloq* muy bien – 6 **dar un salto** *fig* tomar una decisión – 7 **a cuerpo de rey** *loc* muy bien, cómodamente – 10 **una zancada** paso grande – 11 **un portal** entrada principal de un edificio – 14 **un congelador** Eisfach – 20 **de parranda** *coloq* de fiesta – 24 **repanelar** poner elementos prefabricados para hacer *p ej* paredes

—Sí, sería empezar a las nueve y a las tres tiene que estar listo. No tengo a nadie más, o sea que te puedo dar cuarenta euros.

—Okei —digo.

5 —Salimos de aquí a las ocho.

—Ajá.

—¿Te parece bien?

—Sí, sí.

—¿Necesitas dormir más?

10 —No, no —no sé por qué me he quedado tan callado—. Está genial, es justo lo que quería.

—Bueno, entonces te ha gustado Krishnamurti.

—Sí, tampoco he leído mucho, pero me gusta lo que dice.

—Qué has leído.

15 —El principio, cuando habla de la función de la educación y defiende que la educación tiene que enseñarnos a descubrir nuestro propio ser y salir de la corriente, no repetir lo que dicen y hacen los demás.

Peki asiente.

20 —Creo que todo el mundo haría bien en leer cosas así —digo—. Lo malo es que si todo el mundo lo lee y le hace caso, no quedaría nadie dentro de la corriente y ya no habría corriente de la que salirse.

—Bueno, pero eso yo creo que es lo que él defiende, que la 25 gente se comporte con arreglo a su propia personalidad, no como le imponga su cultura. Si deja de haber una corriente establecida, mejor, así todo el mundo será más libre —Peki es un tío ancho y fuerte, pero lo curioso es que habla en voz muy baja, con una mirada penetrante que nunca retira. La verdad 30 es que diga lo que diga siempre tienes la impresión de que está diciendo cosas muy interesantes. Hay gente así, es un don extraño.

---

16 **defender** ≠ atacar – 25 **con arreglo a** según – 26 **imponer** poner uc por la fuerza – 27 **establecido** socialmente aceptado y organizado – 29 **retirar** apartar

—Sí, es verdad —le digo.

Peki sigue mirándome.

—¿Has leído más?

—No.

5   Peki lleva entonces la mirada a su vaso y apura el helado con la cucharilla.

—Es un monstruo Krishnamurti —para Peki ser un monstruo es lo mejor—. Si te gusta, te puedo dejar muchas más cosas, pero hay que ir despacio.

10   —Vale.

A mí me queda un culín de helado, pero no quiero más. Aparto el vaso sobre la mesa.

—¿Te puedo contar una cosa, Peki? Júrame que no se lo vas contar a nadie —digo.

15   Peki se lleva la mano al pecho, a la altura del corazón.

—Sabes que el juez dejó a mi padre en libertad sin cargos y que no le va a llevar a juicio, ¿verdad?

—Sí, lo oí.

—Bueno, pues esa misma noche bajé de madrugada un

20   momentito a la cocina de mi casa y me encontré a mi viejo y mi vieja quemando mogollón de documentos en la chimenea.

—No jodas.

—Pillada total. A mi madre casi le da un pasmo.

Peki no sabe muy bien qué decirme.

25   —Yo creo —digo— que si quemas algo a escondidas y a esas horas, es porque estás ocultando pruebas que te inculpan, no se me ocurre otro motivo.

—No sé, igual hay cosas comprometidas que no quiere que se descubran, pero eso no significa que sean delictivas.

30   —¿Sabes lo que dijo mi padre? Que era morralla administrativa. No quería que su sucesor, un tipo del partido

---

5 **apurar** terminar, acabar – 7 **un monstruo** *aquí:* up con cualidades especiales – 11 **un culín** base *aquí:* poco, algo – 13 **jurar** schwören – 15 **el pecho** Brust – 22 **no jodas** *interj vulg* no fastidies – 23 **una pillada** *coloq* acción de sorprender a up en uc prohibida – 23 **un pasmo** sorpresa que deja paralizado – 25 **a escondidas** *loc* sin ser visto – 26 **inculpar** acusar (→ culpa) – 28 **comprometido** que causa riesgo o inculpa – 29 **delictivo** criminal

al que mi padre no traga, aprendiera de su manera de hacer las cosas.

—¿Y se dedica a quemarlo a escondidas? Eso sí que me parece raro.

5 —Y a mí.

—A lo mejor eran documentos que comprometían a otros compañeros y solo estaba protegiéndolos a ellos.

—Me lo habría dicho así, Peki. Tenías que ver la cara que tenían, sobre todo mi madre.

10 Peki asiente y me mira pensativo.

—Entonces crees que tu padre está pringado.

—No lo sé, tío, me cuesta tanto creerlo.

—Pero tienes serias sospechas.

—Sí.

15 —Y te afecta mucho.

—Si estuviera seguro, sí. Pero ahora mismo es que no sé qué pensar ni qué sentir ni qué nada.

Peki piensa un poco y me dice:

—Ya sé que no te resulta fácil aceptarlo, pero sería bueno que partieras del supuesto de que tu padre es culpable. ¿No serías capaz de perdonarle en ese caso? ¿No harías el esfuerzo de intentar entender por qué lo ha hecho?

—No quiero ponerme en ese supuesto, no quiero tildarle de culpable sin estar seguro de que lo es, me horroriza la idea, no me parecería justo equivocarme.

25 Peki asiente.

—Es un problema de respeto —dice—, tienes tanto respeto y admiración por tu padre que no puedes admitir que haya hecho algo tan grave.

30 Ahora no sé si estoy oyendo a Peki o a Krishnamurti.

—No creo que sea eso, Peki.

—Yo creo que sí, y por ese motivo no eres capaz de perdonarle, todo esto es demasiado distinto a lo que esperas

la discu-sión con Peki

---

1 **tragar a up** *coloq* caerle bien – 11 **pringado** *Esp coloq* manchado *aquí:* implicado, dentro de la trama – 13 **una sospecha** duda de que up ha hecho uc malo – 20 **partir de un supuesto** imaginar – 20 **un supuesto** suposición – 23 **tildar** calificar, llamar

de él. Igual tu padre desearía que no esperaras algo tan bueno de él.

—Nadie espera de su padre que sea un puto corrupto. Si fueran ciertas las acusaciones, mi padre habría puesto la mano
5 no una ni dos veces, sino muchas veces. Es muy gordo, tío.

—¿Y qué va a hacer su hijo?, ¿quemarle en la hoguera? Eso ya lo harán otros, no te preocupes. Si eres su hijo, tendrás que intentar entenderle.

—Creo que no sería capaz. Creo que cuando la gente rebasa
10 ciertos límites resulta imposible comprenderla.

—Puede ser. Pues entonces no intentes comprenderle, pero tendrás que aceptarle. Aunque fuera un delincuente no dejaría de ser tu padre.

—¿Y qué? Si fuera un delincuente, sería un delincuente
15 y punto. ¿O es que te parece lógico que a un asesino, por ejemplo, esté su familia alrededor dorándole la píldora?

—Dorándole la píldora no, pero apoyándole sí.

—No estoy de acuerdo.

Peki se ríe. Me mira. Le aguanto la mirada. Finalmente
20 golpea sus piernas con las manos y se levanta del futón.

—Te entiendo. Las cosas se ven de manera distinta desde fuera que desde dentro.

—Sí, supongo que sí.

—Pero creo que de momento has hecho lo mejor que podías
25 hacer, tomar distancia.

Se estira con los brazos levantados y la espalda arqueada. Se retuerce los dedos hasta que le suenan todas las novias. Luego junta mi vaso con el suyo y se dirige hacia la cocina.

—Gracias, tío, y perdona por darte la brasa —le digo.

30 —Un placer —responde—. Y medítalo. Si algún día haces algo mal, querrás tener alguien cerca que te dé otra oportunidad.

---

5 **gordo** *aquí*: importante, grave – 6 **una hoguera** fuego – 9 **rebasar** superar, sobrepasar – 12 **un delincuente** up que no cumple la ley – 15 **un asesino** up que mata – 16 **dorar la píldora a up** *loc coloq* adular, decir lo que se quiere escuchar (schmeicheln) – 27 **retorcer** dehnen – 27 **una novia** *aquí*: articulación de los huesos – 30 **un placer** mucho gusto

Según voy hacia mi cuarto pienso, no sé muy bien por qué, en lo que dice mi padre sobre Peki: que es el bicho raro de una familia de raros. La familia de raros es la de mi tía Irene, que a mi padre nunca le ha caído muy bien.

5 Y cuando me meto en la cama y apago la lámpara y veo la luz de la calle que entra por el ventanuco, me acuerdo de la rubia de Física, y de su padre, y de ese lugar extraño y desconocido en el que, en cierto modo, se puede decir que ha entrado el padre de la rubia. Seguramente Javier lo llamaría la dimensión
10 Beta. Y seguramente la rubia le diría que no hay tal dimensión, que todo son átomos organizados de una manera o de otra, y que los átomos de su padre seguirán existiendo durante millones y millones de años. Medítalo.

Ha tardado poco en asimilar que no existen los límites. Está
15 encantado. Las reglas las pongo yo, se dice, y el mundo es para mí. En la vida normal, cada vez se rebelaba más en contra de las normas y las convenciones sociales. Su padre decía que era algo propio de la edad, pero él estaba convencido de que el mundo funcionaría mejor si se coartara menos la libertad
20 de la gente. Así que, en cierto modo, esta nueva realidad que le ha tocado vivir es una especie de materialización de sus sueños. En realidad, no necesita a nadie. Nunca pensó que una afirmación tan categórica pudiera llegar a demostrarse con tanta claridad. Tiene lo que necesita: una chica que le gusta y
25 tantos coches, casas, tiendas y comidas como pueda imaginar.

Ella, en cambio, sigue sin salir de casa. Es tan consciente como él de que los dos están solos en el mundo y de que aparentemente ya nada va a cambiar su situación, y sin embargo se siente más protegida en su casa, cuidada por él,
30 y ajena al panorama desolador que ofrece la ciudad, cada vez más seca, sucia y deteriorada.

---

14 **asimilar** comprender y aceptar – 17 **una convención** norma o práctica aceptada –
18 **propio** típico – 19 **coartar** limitar – 28 **aparente** según parece – 30 **desolador**
destruido, arrasado – 31 **deteriorado** gastado, en mal estado

La nueva afición de él, que casi se está convirtiendo en un hábito adictivo, es entrar en las tiendas, explorarlas y arramblar con aquello que más le gusta. Ha depurado muchísimo su técnica para romper los escaparates y entrar y salir sin cortarse.

5 Pero como luego no es posible guardarlo todo en casa y ella no se lo permite, lo va acumulando en las casas de alrededor, que se han convertido en unos insospechados trasteros de lujo. Últimamente ha cogido la costumbre de traerle joyas de regalo a ella, como si eso fuera algo que la chica valorara en particular.

10 Algunos días llega con el maletero hasta arriba de joyas, y ella protesta, no sabe para qué quieren eso, ya no tiene ningún valor ni ningún uso posible. Él dice que le sigue gustando verla guapa y que esas joyas no son de nadie, son suyas, y prefiere tenerlas todas juntas. Luego bromea: «Somos las personas más

15 ricas del mundo». Ella no lo dice, pero lo piensa: «Y las más pobres». Me encanta que en los cómics exista la posibilidad de representar no solo lo que dicen los personajes, sino también lo que piensan.

Creo que nunca había estado tan cansado. Es curioso cómo

20 Peki se transforma en otra persona cuando curra. Esa especie de tranquilidad y serenidad interior tan suya se convierte en hiperactividad. En ningún momento he sido capaz de aguantarle el ritmo. Es más fuerte que yo y además está acostumbrado. Hemos currado tanto que por momentos me

25 he quedado sin fuerzas, me ha dado la risa y casi he llegado a pensar que se trataba de una broma que me estaba gastando Peki. Lo que hemos hecho, básicamente, ha sido desnudar los paneles de un decorado de todo lo que tenían encima —cortinas, cuadros, falsas ventanas y cualquier otra cosa— y

30 distribuirlos con arreglo a un plano que le han dado a Peki.

---

2 **un hábito** costumbre – 2 **arramblar** llevarse uc con deseo incontrolado – 3 **depurar** mejorar uc, hacer uc más eficiente – 4 **un escaparate** *Esp* parte exterior de las tiendas para mostrar mercancía – 6 **acumular** almacenar, guardar – 7 **insospechado** inimaginable – 7 **un trastero** habitación para cosas que no se usan – 8 **una joya** Schmuck – 9 **valorar** dar *valor* (Wert) a uc – 10 **un maletero** parte del coche para llevar cosas (→ maleta) – 21 **la serenidad** tranquilidad, calma – 24 **acostumbrado** habituado – 26 **gastar** *aquí:* hacer – 30 **distribuir uc** repartir, esparcir

Tras ello, en su nueva distribución, hemos anclado los paneles entre sí y también al suelo. Todavía me tiemblan los brazos.

Vuelvo en metro hacia el centro. Peki se ha quedado un rato más porque tenía que hablar con su jefe. Me ha dicho que he

5 currado muy bien y que, si puede, contará más veces conmigo. Cuarenta pavos. Para ser la primera vez creo que no ha estado nada mal, la verdad. A lo mejor acabo poniéndome hasta cachas, tiene gracia. Hacía tiempo que no tenía una sensación tan buena en el cuerpo.

10 Me he duchado y me he bajado a la calle a darme una vuelta. Estaba demasiado eufórico para quedarme en casa. Deben de ser las endorfinas de las que siempre habla el anormal de Luque cuando sale a hacer footing. Estoy sentado en un banco de la plaza, junto al parquecito infantil, tomándome una Coca-

15 Cola que le he comprado al chino.

Ya no puedo apartar la vista. Es imposible. Haga lo que haga siempre vuelvo a mirarla. Está delante de mí, en una de las terrazas de la parte de arena de la plaza, justo en la primera mesa en la que ya da la sombra. Parece algo mayor que yo,

20 no lo sé. Es más bien grande y ancha, lleva el pelo corto y tres piercing de anillo en la nariz. Estudia muy concentrada unas hojas que tiene sobre la mesa, junto a un café o té o algo así, echada hacia delante y sin levantar la vista en ningún momento. Tiene algo en la manera de moverse, de mirar, de

25 concentrarse con tanta intensidad que me gusta. Cuanto más la miro, menos rara me parece y más me mola su cara.

Deja sus apuntes, apura lo que tiene en la taza, respira hondo y se queda mirando hacia el cielo relajada. Observo un rato a los niños trepar por la rampa del tobogán. Cierro un momento

30 los ojos. Ahora no recuerdo bien cómo es su camiseta. Negra

---

1 **anclar** fijar, sujetar (→ ancla) – 6 **un pavo** *coloq aquí:* euro – 8 **cachas** *Esp coloq* fuerte, musculoso – 12 **la endorfina** sustancia producida por el cerebro con el deporte que regula el dolor y da sensación de placer – 14 **un parque infantil** parque o plaza con juegos para niños – 21 **un anillo** Ring – 27 **hondo** profundamente – 29 **trepar** subir – 29 **un tobogán** Rutsche

con tirantes. Vuelvo a cerrar los ojos. Abrirlos y levantarme del banco ha sido un mismo gesto. Me acerco a su mesa.

—Hola —digo. Aunque estoy nervioso trato de no desviar la mirada a ningún sitio—. Estaba un poco aburrido y he pensado 5 que me apetecía mucho hablar contigo.

Ella me mira de arriba abajo muy sonriente. No sé cómo me he atrevido a dar este paso, yo creo que son las endorfinas esas, es como si estuviera un poco sonado.

—Pues no sé qué decirte —me dice.

10 —¿Qué es eso que estudias? —me siento enfrente de ella—. Tengo los brazos tan cansados —digo— que si alguien me los cortara me volverían a crecer, te lo juro.

Ella se ríe. Me mira con una curiosidad cada vez mayor. Guiña mucho los ojos porque detrás de mí el sol pega muy 15 fuerte en los edificios de la plaza y le deslumbra.

—Por mí, encantada de que te quedes —sonríe—. Lo que pasa es que yo me voy, tengo clase ahora.

Se levanta, coge su carpeta y la mete en una especie de bolsón en bandolera. Acerca su cara a la mía y me da un beso 20 con sabor a café en los labios, un beso rápido de despedida, como si fuéramos pareja desde hace un montón de tiempo.

—Te veo luego —dice, y no me da ni tiempo de preguntarle dónde y cuándo.

La espero en la terraza toda la tarde, pero no aparece. Creo 25 que es lo único lógico que puedo hacer, esperarla aquí. Podría buscarla por otro lado, pero ¿por dónde? No sé nada de ella. No sé de qué son sus clases, ni cuánto duran. Ciertamente me parece un día extraño para tener clases, el viernes en que empiezan las vacaciones.

---

1 camiseta **de tirantes** Achselshirt – 8 **sonado** *coloq* loco, tonto por haber recibido golpes – 14 **guiñar** cerrar un ojo dejando el otro abierto – 14 **pegar** *aquí:* dar – 15 **deslumbrar** no dejar ver por demasiada luz – 19 **un bolsón** *aum* bolso – 19 **en bandolera** para colgar o cruzar

Hace ya rato que se ha ido el sol y empiezo a quedarme un poco destemplado. Pido lo más barato, una ración de patatas bravas, y me animo a tomarme una caña. Las bravas pican bastante. Nunca me había tomado yo solo una ración
5 de bravas. Pienso que este sería el momento ideal para que ella apareciera, pero no lo hace. Me acabo las patatas bravas. La caña me anima un poco al principio pero luego me da un sueño bestial. Ella no va a aparecer, empiezo a verlo claro. Ha pasado ya demasiado tiempo. Sin embargo… no puedo
10 quitarme de la cabeza sus palabras. «Te veo luego». Tampoco puedo borrar de mi olfato el olor de su aliento a café.

Es de noche cuando pago, me levanto y me voy. Miro hacia todos los lados según abandono la plaza. Pienso que si ella apareciera por otro lado de la plaza en el momento justo en que
15 yo la abandono, no debería lamentarme por ello. Si después de estar toda la tarde esperando ocurriera precisamente eso, estaría claro que algo por encima de mí, algo con más poder que yo habría decidido que fuera así.

Doy una vuelta por el barrio, todo lo atento de lo que
20 soy capaz, que no es mucho. En concreto me centro en las proximidades de mi calle y de mi portal, como si, absurdamente, este fuera el siguiente sitio donde más posibilidades tengo de encontrarla. Estoy tan agotado que cada vez consigo alejarme menos del portal de Peki, y sin ser
25 consciente de haber tomado la decisión me encuentro de pronto metiendo la llave en la cerradura.

La saco. Será una corazonada o un inconformismo ridículo, pero decido mirar una última vez en la plaza. Las terrazas van estando más y más animadas por momentos. En ninguna de
30 ellas hay nada parecido a una chica de pelo corto, hombros anchos y sonrisa de lista.

2 **destemplado** que se siente mal – 3 **patatas bravas** patatas con una salsa picante –
3 **una caña** *Esp* vaso de cerveza – 4 **picar** estar picante – 11 **borrar** quitar, eliminar –
11 **el olfato** sentido de capta el olor – 19 **atento** con atención, fijándose – 26 **una
cerradura** mecanismo *p ej* de una puerta para meter la llave (→ cerrar) – 27 **una
corazonada** sensación de que uc va a pasar – 27 **el inconformismo** falta de satisfacción
o acuerdo por uc

El estudiante pregunta: «Señor, usted dijo que uno debe cambiar el mundo. ¿Cómo puede cambiarlo, señor?».

Krishnamurti responde: «¿Qué es el mundo? El mundo donde usted vive, su familia, sus amigos, sus vecinos. Y su familia, sus amigos, sus vecinos pueden extenderse, y ese es el mundo. Ahora bien, usted es el centro de ese mundo. Ese es el mundo en que vive. ¿Cómo cambiará entonces el mundo? Cambiando usted».

Entonces el estudiante pregunta cómo puede cambiarse a sí mismo. Krishnamurti responde que solo hay una manera: «ver», «verse a sí mismo». Si uno no capta lo que realmente es, no hay cambio posible, por mucho que piense que está cambiando, que está dejando de ser una cosa para ser otra. Krishnamurti dice que el cambio real se produce cuando uno está alerta a lo que realmente es y lo vive. Ser capaz de «ver» el propio ser es cambiar, y ese cambio trae consigo el cambio del mundo.

Me he quedado sobado encima de la cama, vestido. Son las dos de la mañana. Me levanto y cojo un yogur de la nevera. Peki todavía no ha llegado. Abro el ventanuco de mi cuarto y me tomo el yogur mientras miro. Hay un ambiente increíble. De pronto me da una pereza bestial quedarme aquí solo en casa y meterme en la cama a sobar. No me apetece el yogur. Lo guardo en la nevera con la cucharilla dentro, me pongo las zapatillas y me voy a la calle. Por algún motivo quiero hacerlo antes de que llegue Peki.

Ahora la calle me parece menos animada de lo que me parecía desde arriba. De hecho, yo mismo no me encuentro tan descansado y despejado como pensaba. Pero empiezo a caminar hacia la plaza, porque, se lo ordene yo o no, mi cuerpo sabe que es ahí donde tiene que dirigirse.

---

5 extenderse dispersarse, repartirse – **15 alerta** atento, vigilante – **18 sobado** coloq
dormido – **22 la pereza** falta de ganas de hacer uc – **29 despejado** aquí: sin sueño

El parque infantil de la plaza está repleto de gente de la universidad haciendo botellón. En un extremo hay un grupo especialmente grande, y de allí llega el sonido de unos bongos que, ahora puedo verlo, toca un tipo con una peluca amarillo fosforito. Lo hace muy bien. Me gusta este ambiente. Por encima de todo el grupo, y más aún en las proximidades de las farolas, puede verse una gran nube blanquecina, que debe de ser tanto de humo como del polvo que se levanta del suelo de tierra.

Las terrazas también están repletas. Parece que la plaza entera estuviera de fiestas. En la misma terraza de antes hay ahora un grupo bastante grande, de unas quince personas, alrededor de cuatro mesas que han juntado. Hay gente mayor, y también gente joven. Supongo que alguna imagen fugaz, alguna sensación, algún sonido, me hace observar con cuidado ese grupo y encontrarla. Es ella. Se ha puesto una cazadora vaquera y está sentada de medio lado sobre su propia pierna doblada. Habla con la persona que tiene a su izquierda, o, mejor dicho, la escucha. Es un pavo de unos cincuenta tacos con pinta de artista.

Ahora me cuesta mucho acercarme a ella delante de toda esa gente. Pero sé que no puedo darme la vuelta e irme, ni siquiera esperarla y dejar que pase el tiempo y correr el riesgo de desaprovechar mi oportunidad.

—Hola —le digo, y le doy un toquecito en el hombro. Está claro que no me ha visto llegar.

Creo que tarda en darse cuenta de quién soy.

—Ah, hola, ¿cómo estás? ¿Quieres sentarte?

Dudo un momento. No sé si decirle que he estado toda la tarde esperándola y que en realidad ya me había ido a dormir y todo eso.

—Pero si me siento volverás a irte —me atrevo a decir. Ella se ríe. Se queda pensando.

---

4 **una peluca** pelo artificial – 5 **fosforito** luminoso, brillante – 7 **blanquecino** de color blanco – 14 **fugaz** breve, rápido – 19 **un pavo** *Esp coloq* tío, hombre – 19 **un taco** *aquí:* año – 23 **correr el riesgo** arriesgar, peligrar – 25 **un toquecito** *dim* golpe con el dedo

—¿Te apetece que nos tomemos algo en el MP3?—y me
señala un bar en la esquina de la plaza, con unos toldos
naranjas bajo un enorme cartel: «EMEPETRÉS»—. Dame un
ratito.

5 —Vale —digo—, te espero allí.

Ella sonríe y asiente.

El bar está atiborrado de gente. La música, una especie de
reggae rapero, suena a todo trapo. Consigo que me sirvan
un par de cervezas. El camarero parece que se lo pasa bien
10 sirviendo copas y se ríe mucho y gasta bromas a todo dios. Yo
creo que está fumado solo de respirar el ambiente que hay allí.

Me salgo afuera, donde también hay bastante gente, con las
dos cervezas y me apoyo en la pared para esperar. Desde mi
posición no puedo ver la terraza donde está ella, pero mejor.
15 Doy algunos tragos a la cerveza. La verdad es que no hay nadie,
ni por asomo, de mi edad en las proximidades del bar. No me
importa.

La veo. No sé cuánto tiempo ha pasado, pero la veo. Ella me
ve a mí. Llega a mi lado y me da otro piquito en los labios. El
20 de ahora tiene un punto ácido claramente provocado por la
cerveza o cualquier otra bebida alcohólica. Yo creo que esta
chica debe de dar piquitos a todo el mundo como manera de
saludar y de despedirse.

—Pensé que te habrías ido.

25 —No, ¿qué quieres tomar? —le pregunto, y le enseño las
cervezas.

—Otras dos cervezas —dice y se parte de risa. Yo también
me río. Estoy a punto de preguntarle si lo dice en serio, pero
coge la cerveza que está entera, me da las gracias y brinda con
30 la mía.

—Adriana.

—Gerardo.

---

8 **a todo trapo** *coloq* muy alto, a tope – 10 **a todo dios** *Esp coloq* a todo el mundo –
11 **fumado** drogado *p ej* por marihuana – 16 **ni por asomo** *loc* ni de casualidad – 19 **un
piquito** *dim* beso breve en los labios – 20 **ácido** sauer – 29 **brindar** chocar los vasos al
beber (mostrando buenos deseos)

Es tan alta como yo, y sin duda es más fuerte. Es curioso, en principio yo nunca me habría fijado en una chica así, pero ella consigue que te fijes. Es la cara, la mirada, e incluso también el cuerpo, algo inexplicable que hace que te apetezca estar a su
5 lado, seguramente por rara, o porque su presencia tiene algo de inalcanzable que la hace más deseable.

—¿Quiénes eran todos esos? —digo, señalando hacia la plaza, y con más brusquedad de la que pretendo.

—Eran compañeros de mis clases de teatro. Compañeros y
10 profesores. Te quedan dos preguntas.

—Vale —digo—. ¿Le vas dando picos a todo el mundo?

Ella se ríe.

—No. Te queda una pregunta.

También me río. Lamento haber gastado una pregunta tan
15 tontamente.

—Bueno, la tercera pregunta me la guardo. ¿Tú quieres preguntar algo?

—Sí. Mi primera pregunta es, ¿qué esperas de mí?

—Joder —digo—, empiezas fuerte.
20 Es la primera vez que en la risa de ella detecto algo de inseguridad. Pienso en la respuesta y me viene a la cabeza Krishnamurti con su pelo blanco.

—Espero que me dejes ver lo que hay dentro de ti.

—Qué bonito —dice ella. Creo que lo dice sin ironía.
25 —¿Otra pregunta? —digo.

—No, creo que de momento no.

—Pues yo voy a agotar mi última pregunta. A ver… ¿Colacao o Nesquik?

—Qué buena —dice—. Colacao, sin duda.
30 —Yo también.

---

6 **inalcanzable** que no se puede conseguir – 8 **la brusquedad** → brusco

Hemos venido al banco que hay en una esquina de la plaza. Cuando hemos llegado había un tipo sentado, bastante ciego, con los codos apoyados en las piernas y mirando el suelo como un pirao. Pero al poco rato de sentarnos se ha ido
5 dando tumbos. Nos hemos mirado. Nos hemos reído. Ella se ha colocado de lado para poder verme bien, he notado que se acercaba a mi cara, que me echaba el aliento en la oreja, que me llenaba de saliva los labios y la boca, que eso era un muerde en toda regla.

10 Está amaneciendo. Llevamos más de tres horas enrollándonos. Hace frío, pero nos damos calor el uno al otro. El tipo de los bongos se ha callado hace diez minutos por última vez, a pesar de que a lo largo de la noche han venido dos veces los municipales a silenciarle. Los bares están ya cerrados,
15 pero del enorme grupo del botellón todavía quedan algunos miembros, bastante perjudicados.

Ella dice que se tiene que ir ya, que su viejo es capaz de levantarse a las ocho, incluso un sábado. Adriana tiene diecisiete tacos. Es la pequeña de tres hermanos y su viejo es
20 el dueño de un restaurante aquí en el centro. La casa la tienen justo encima del restaurante y el edificio que tenemos detrás, en la plaza, resulta que es su colegio de toda la vida, desde infantil hasta ahora, que está en segundo de bachillerato. Cuando no nos besamos me cuenta todas estas cosas, aunque
25 yo no le pregunte nada, y yo le cuento otras a ella. También me cuenta que el teatro que hay al lado de casa de Peki es de su padre, aunque no lo gestiona él, y que es ahí donde ella asiste a las clases de teatro. Dice que quiere ser actriz.

Le pregunto si puede salir mañana. Me dice que va a comer
30 con su familia y que luego viene a buscarme, que a eso de las cinco me da un toque. Lo que le he contado a Adriana es que

3 **un codo** Ellenbogen – 4 **un pira(d)o** *coloq* loco – 5 **dar tumbos** ≠ caminar derecho –
7 **el aliento** aire de la boca – 9 **un muerde, muerdo** *Esp coloq* beso con lengua –
10 **enrollarse con up** *Esp* besarse, tener sexo – 14 **la** *policía* **municipal** policía local
o guardia urbana – 14 **silenciar a up** callar a up, evitar que up haga ruido o hable –
16 **perjudicado** *aquí:* borracho – 20 **un dueño** propietario – 27 **gestionar** organizar –
27 **asistir** ir – 30 **a eso de** aproximadamente, más o menos a – 31 **dar un toque a up**
coloq avisar

he tenido una movida en casa y estoy viviendo unos días en casa de Peki. En realidad le he hablado más de Peki que de mi propia familia. También le he dicho que salir unos días de casa ha sido la mejor decisión que he tomado en dieciséis años de
5 vida, sobre todo porque me ha permitido conocerla a ella.

Dos camiones de limpieza entran a la plaza por la bocacalle que tenemos detrás. Al entrar en la plaza se separan. Uno pasa por nuestra derecha, otro por nuestra izquierda. Nos levantamos y salimos de la plaza por la misma bocacalle por la
10 que han llegado los camiones. No sé si darle la mano a Adriana o resulta un poco cursi. También puedo abrazarla por detrás. La paro y le doy otro beso.

Adriana me llama al telefonillo a las cinco menos cuarto. Me pongo la camiseta que me lavé anoche. No tengo ninguna más
15 limpia. Como no la colgué en la parte de la cuerda que da el sol, no se ha secado del todo. La zona de cuello sigue un poco húmeda, pero no me importa. Me espera al pie de la escalera con una camiseta roja de manga larga y una falda negra con forma de pera o algo así. Está guapísima. Cuando antes de
20 verla he tratado de recordar su cara, me costaba hacerlo. Ahora veo que es muy guapa.

Sin abrir la puerta ni salir a la calle, y sin ni siquiera decir nada, nos damos un buen muerdo a modo de saludo. Por mí podría quedarme en este mismo sitio haciendo esto toda la
25 tarde. Pero oímos pasos en la escalera y nos piramos.

Cruzamos la avenida y vamos a la zona de las calles peatonales, El Corte Inglés, los cines y todo eso. A Adriana le apetece un helado. Conoce una heladería italiana que no cierra en todo el año. Menos mal que ella tiene una idea de lo que
30 podemos hacer, porque cuando me imaginaba que esta tarde

---

1 **una movida** problema, discusión – 6 **una bocacalle** entrada de una calle – 11 **cursi** kitschig – 13 **un telefonillo** *Esp coloq* interfono, aparato para hablar con un piso desde la calle – 17 **húmedo** feucht – 17 **al pie de uc** al inicio de uc – 18 **una manga** parte, de *p ej* una chaqueta, para el brazo – 19 **una pera** Birne

iba a estar con ella se me hacía raro, sentía inseguridad, como si a lo mejor nada de lo que vivimos ayer fuera a funcionar de la misma manera. Pero ese beso al pie de la escalera me ha quitado de golpe cualquier recelo. Yo no quiero helado. Adriana
5 se compra uno de frambuesa y yogur. Lo que hace para que yo lo pruebe es meter la lengua en el helado y darme luego un beso bien húmedo. No sé a qué demonios sabe este helado, pero no me importa. Seguimos paseando.

Un tío ya mayorcito, rumano o de algún país del este de
10 Europa, toca el violonchelo en una esquina poco transitada. Adriana propone que nos sentemos a oírle. Acepto, aunque en realidad me apetece más seguir andando. Somos los únicos oyentes. Adriana me dice que conoce la obra que está tocando, que la usaron en una clase de teatro. Gira mucho
15 la cabeza para meter la boca debajo de la punta del cono del helado, que va a gotear de un momento a otro. Lo muerde, lo sigue mordiendo y se lo acaba todo a bocados, entre extrañas contorsiones. Cuando acaba la obra, dejamos cincuenta céntimos y seguimos.

20 En un escaparate gigante de una zapatería, Adriana me pregunta:

—Si tuvieras que regalarme unas zapatillas de este escaparate, ¿cuáles escogerías?

Miro bien los distintos modelos. Hay de todo.

25 —Sin fijarse en el precio, el dinero no importa. Tienes que pensar cuáles me harían a mí más ilusión.

—Puf —digo—. ¿Aquellas verdes, las de Le Coq?

—No están mal —dice.

—¿Y tú a mí? ¿Cuáles me regalarías?

30 —Las mismas —dice—. ¿Te gustan o no?

—Me encantan.

---

4 **de golpe** *loc* de repente – 4 **un recelo** temor, miedo – 5 **una frambuesa** Himbeere –
7 **demonios** *coloq* expresa extrañeza – 9 **mayorcito** *irón* no demasiado joven – 15 **una
punta** extremo más fino – 15 **un cono** Eiswaffel – 16 **gotear** caer gotas de uc – 17 **a
bocados** mordiendo uc – 18 **una contorsión** movimiento raro y convulsivo

Se ríe. Seguimos andando en silencio. Siento que esto es mejor que cualquier otra cosa. Le doy un beso. Es como si nunca hubiera estado vivo antes de ahora.

—¿Por qué te has fijado precisamente en mí? —pregunto de
5 pronto, y pienso en toda la gente que conocerá Adriana en las clases de teatro, pero eso no lo digo.

—Fuiste tú el que se fijó en mí.

—Vale, pero si viene... yo qué sé, El Fari, y se fija en ti, ¿estarías ahora paseando con él?

0 Se ríe.

—No —dice—, tú has llegado antes —y vuelve a reírse.

Es una escena típica en los parques. Ahora yo también lo hago. Abrazado a una chica y dándome el lote con ella sobre la hierba.

5 Me levanto y me estiro un poco los vaqueros. Adriana se sienta con las piernas cruzadas. Por primera vez en mucho rato nos fijamos en las vistas desde nuestra posición. Se ve la parte oeste de la ciudad. El cielo está rojo y los cristales de algunos edificios brillan como si ardieran.

0 Me siento de nuevo. Me fijo en una hormiguita que camina por la camiseta de Adriana. La cojo y dejo que pasee por mi mano. Le cuento a Adriana la paranoia de Javier con los insectos. De repente me resulta raro pensar en Javier y en mi casa y no digamos en mis padres. Prefiero no hacerlo. Me lanzo
5 sobre Adriana para ahuyentar más pensamientos.

—Cuidado, la hormiga —me dice, pero hace ya rato que la hormiga no está en mi mano.

8 **El Fari** José Luis Cantero (1937-2007) cantante español de copla y pop – 13 **darse el lote** *Esp coloq* besarse – 14 **la hierba** césped – 17 **las vistas** *pl* panorama – 25 **ahuyentar** *fig* hacer huir

—Pues yo una vez —me dice después— tuve que interpretar durante media hora a una cucaracha. ¿Has leído *La metamorfosis*?

—Sí, para el cole. Me gustó bastante.

5 —A mí me encantó. Pues eso pero sin texto, sin hablar, ni siquiera pensar, a diferencia de la novela. Era un ejercicio de clase para sentir el punto de vista del insecto, para sentir su miedo. Media hora sin hablar ni moverse, completamente rodeada de personas. Ellas sí que hablaban y se movían, y yo
10 estaba en medio, inmóvil, horrorizada. Llegó un momento en que me sentía tan sola y con tantísimo miedo, que me puse a llorar. Tuve ganas de salir del escenario y esconderme en cualquier lado y llorar allí sola, pero sabía que si me movía los humanos se abalanzarían sobre mí y me pisotearían. Lloré y
15 lloré sin moverme ni medio milímetro. El profesor me felicitó por el ejercicio.

Es la voz de Peki. Dice un nombre, es mi nombre, yo me llamo Gerardo. Consigo abrir los ojos, consigo entender dónde estoy.

—Te llama tu madre, Gerardo, son las doce, quiere hablar
20 contigo.

No soy capaz de levantarme de la cama.

—Dile que la llamo ahora.

Peki me acerca su móvil sonriendo.

—Díselo tú —me dice.

25 Cojo el teléfono y respondo a mi madre. Peki se marcha.

—Hola, hijo —dice mi madre—, ¿cómo estás?

—Dormido, mamá.

—Lo siento, necesitaba hablar contigo. ¿Estás bien, te organizas bien con el primo, qué has hecho estos días?

30 —Nada, estar tranquilo.

—Me ha dicho que fuiste a trabajar con él.

---

2 **una cucaracha** Kakerlake – 2 *La metamorfosis* 1915, obra de Kafka sobre un hombre que se convierte en un insecto – 14 **abalanzarse** lanzarse sobre up

—Sí.

—Bueno, espero que esta sea una experiencia positiva para ti.

—Sí, supongo.

5   —Aquí te echamos mucho de menos, te lo puedes imaginar.

—Llevo tres días fuera, mamá, no será para tanto.

—Cuatro días.

—Bueno, me da lo mismo.

—Por lo que se ve tú no nos echas de menos, más bien al

10 contrario.

—Pues sí, más bien al contrario, es evidente que si me he ido de casa es porque necesitaba estar solo.

—Ni siquiera te molestas en preguntar cómo estamos nosotros.

15 Me incorporo y me siento en el borde la cama.

—Vale, ¿qué tal estáis?

—Si lo preguntas con esas ganas, déjalo, hijo.

—¿Con qué ganas quieres que lo pregunte si me obligas?

—Yo no te obligo a nada.

20 —¿Estáis bien o no?

Hay un momento de silencio, pero sé que mi madre va a terminar por responderme.

—Pues tu padre está raro, para qué te voy a decir otra cosa. Me tiene preocupada, creo que va a acabar enfermando, es

25 demasiada presión para que la pueda soportar una persona sola, Gerardo. Además, él está acostumbrado a no parar nunca, y ahora resulta que se pasa todo el día metido en casa, oyendo la radio y torturándose con lo mismo.

—¿Es que ha pasado algo nuevo?

30 —No, pero hay muchas protestas de los ecologistas y eso hace mucho daño.

—Ya.

—¿Has oído algo del tema?

---

5 **echar de menos a up** *loc* vermissen – 6 **no ser para tanto** no ser importante – 8 **dar uc lo mismo** ser igual – 15 **un borde** extremo, lado – 18 **obligar** hacer uc por la fuerza, en contra de sus deseos – 24 **enfermar** ponerse enfermo

—No mucho.

—Están organizando concentraciones en contra del juez, piden que se reabra de nuevo el caso, hasta que no vean a papá entre rejas no van a parar.

5 —Joder.

—¿Por qué no vuelves ya a casa, cariño? Para tu padre sería muy importante que estuvieras aquí, cada vez acepta menos mi ayuda, está de lo más cerrado.

—No creo que yo cambie nada, mamá, no te engañes.

10 —No lo sé, hijo, ya sabes que tu padre contigo… Creo que a ti puede hacerte más caso.

—Mamá, por favor, jamás me hace caso.

—Bueno, me da igual, ya es hora de que vuelvas, me parece que puedes entenderlo.

15 —Pues no, no lo entiendo, de lo que pasa en aquella casa sigo sin entender absolutamente nada.

—No te vamos a atosigar, Gerardo, me parece que nunca hemos sido unos padres que te hayamos atosigado o que te hayamos impedido hacer las cosas que querías hacer. Puedes
20 volver y encerrarte en tu cuarto si quieres, pero vuelve, por favor.

—Vale, mamá, no me lo digas más veces.

Mi madre no insiste. Un poco después se despide en plan triste. Al levantarme me golpeo la cabeza con el techo de la
25 buhardilla. Caigo a la cama de nuevo, aturdido. Enciendo mi móvil. Tengo varias llamadas perdidas de mi madre y un SMS de Adriana:

«SI TODOS LOS INSECTOS DESAPARECIERAN, EN CINCUENTA AÑOS HABRÍA DESPARECIDO TODA
30 FORMA DE VIDA EN LA TIERRA. SI LOS SERES HUMANOS DESPARECIERAN, EN CINCUENTA AÑOS TODAS LAS DEMÁS

---

4 **entre rejas** *loc coloq* en la cárcel – 17 **atosigar** agobiar, hacer que up haga uc rápidamente – 25 **aturdido** desorientado (por el golpe) – 26 **una llamada perdida** llamar sin responder

FORMAS DE VIDA PODRÍAN FLORECER». JONAS SALK, CREADOR DE LA VACUNA CONTRA LA POLIOMIELITIS.

Le respondo con otro SMS:

ESTA TARDE QUIERO ENSEÑARTE UNA COSA.

5 MI CÓMIC.

A Adriana le ha encantado la casa de Peki. De mi cuarto dice que es alucinante y que parece un escenario en miniatura o algo así, como si fuéramos gigantes dentro de un sueño y tuviéramos que ir con la cabeza agachada todo el rato.

10 Ahora quiere que hagamos un ejercicio de teatro muy fácil que a ella le gusta. Se llama «el objeto multiusos». Se trata de coger cualquier objeto e imaginarte que es otro objeto y representar su función. Por ejemplo, Adriana ha cogido mi almohada y por mímica ha empezado a utilizarla como si fuera

15 un teléfono móvil.

—Te toca —me dice.

—No, empieza tú —a mí lo del teatro y actuar y todo eso no se me da nada bien. Me da mogollón de corte.

—Yo ya he hecho uno.

20 —Pero era el ejemplo, empieza tú, por favor.

—Vale.

Adriana piensa un poco. Enseguida coge un lápiz y lo utiliza como si fuera un secador de pelo. Hace muy bien los movimientos de la cabeza para echar una supuesta melena

25 hacia un lado y otro y hacia atrás. También se desapelmaza el pelo con los dedos mientras el lápiz sigue secando.

---

1 **florecer** *aquí:* desarrollarse, aumentar en número – 1 **Jonas Shalk** (1914-1995) inmunólogo americano – 2 **una vacuna** Impfung – 2 **la poliomielitis** Kinderlähmung – 14 **una almohada** cojín para poner la cabeza al dormir – 17 **actuar** interpretar, representar un papel – 18 **mogollón** *coloq* mucho – 23 **un secador** aparato para secar el pelo húmedo – 24 **una melena** pelo largo – 25 **desapelmazar** hacer que uc compacta se suelte

Yo cojo el mismo lápiz y me lo fumo como si fuera un pitillo. Adriana se ríe. Dice que ese ejemplo es demasiado fácil. Coge el libro de Krishnamurti y se lo come como un bocadillo. Le digo que también es muy fácil. Entonces cojo mi móvil, lo
5 agarro bien, lo acerco a la otra mano, le doy vueltas con fuerza y tiro de él. Adriana no lo averigua. Lo vuelvo a hacer, pero Adriana se parte de risa. Debo de hacerlo fatal, y cada vez me da más corte. Ella me dice que lo intente otra vez, pero le digo que es un sacacorchos.

10 —¡Qué pena —dice—, era una idea buenísima!

—A ver tú, lista —le digo.

Adriana piensa un momento, pone el libro de Krishnamurti en el suelo, hace como si se quitara una bata y se sube encima de él. Hace genial el movimiento de la cabeza para mirar hacia
15 el libro. Parece descontenta. Se baja del libro y se vuelve a subir. Es un peso.

Cojo una hoja, la enrollo y la sujeto como si fuera un palo. Intento representar una aspiradora pero soy incapaz. Hago el gesto de sacar el cable y enchufarlo y también el gesto de
20 apretar el botón. Adriana se retuerce literalmente de risa.

—Estás asesinando ocas —bromea, como si hubiera dado con ello.

Cojo el folio y lo acerco a las esquinas e incluso levanto el colchón para limpiar por debajo.

25 —¡Un detector de metales!

—Una aspiradora, lo sabes de sobra.

—Pero es que lo haces fatal —dice, sin dejar de reír.

Dejo el folio, riendo también. Ella viene hacia mí y me coge la cara con las dos manos y me besa, me besa, me besa.

30 Un poco después, con la boca a medio centímetro de mi cara, me dice.

—Creo que estás empezando a gustarme demasiado.

Tardo un poco en decir algo.

---

1 **un pitillo** cigarrillo – 9 **un sacacorchos** aparato para abrir botellas *p ej* de vino –
17 **enrollar** dar vueltas, girar (aufrollen) – 18 **una aspiradora** aparato eléctrico para
barrer – 19 **enchufar** conectar a la electricidad – 21 **una oca** ganso

—¿Como actor o como persona?

—Qué bobo —y se sienta en la cama.

Yo me siento en la silla junto a la mesa.

—¿Has oído hablar del caso GG-M?

5 —¿El caso GG-M?

—Son las iniciales de Gerardo Gil-Matías, el consejero de Medio Ambiente de la Comunidad, mejor dicho, exconsejero. ¿No te suena? Una emisora de radio le acusó de corrupción y dimitió y se montó un buen lío.

10 —Paso de política.

—Ya, me lo imaginaba.

—¿A ti te gusta la política?

—GG-M es mi padre. Te dije que tenía una movida en casa y que por eso me había venido a casa de mi primo. Pues esa es la 15 movida.

Adriana me mira.

—No quería dejar de contártelo —le digo.

—Me da igual la política, Gerardo, me da igual quién sea tu padre y lo que haya hecho, completamente igual.

20 —Me alegro.

—Si tú estás mal y quieres que hablemos de ello, pues hablamos, pero a mí me da lo mismo que tu padre sea político, torero o azafato de avión. Me importas tú, no tu padre.

Asiento.

25 —No necesito que hablemos de nada, de hecho, prefiero no hacerlo, pero quería contártelo, o, mejor dicho, no quería ocultártelo.

—Vale.

Adriana coge su bolsón y me lo enseña. Pienso que va a sacar 30 algo, pero lo pone en el suelo y ella se pone de pie por delante. Hace como si se bajara los pantalones y se sentará a hacer pis encima del bolsón.

—Un váter —digo.

---

9 **montarse** *Esp aquí:* organizarse – 9 **un lío** *coloq* desorden, conflicto – 23 **un azafato** up que cuida y sirve a los pasajeros

—Necesito uno de verdad —dice ella, colgándose el bolsón del hombro.

Le digo dónde es. Mientras vuelve, traigo un par de cocacolas de la cocina. Saco el iPod de mi bolsa de viaje y lo dejó encima
5 de la mesa. Siempre he pensado que molaría compartir la selección de mis canciones favoritas con la chica que me gustara.

Adriana vuelve y deja su bolsón en el mismo sitio. Se acerca a mí por detrás y me da un lametón en la oreja.
10 —¡Tu iPod! —dice—. ¿Puedo ver lo que tienes?

Me dice que le encanta la idea y cómo dibujo. Dice que a ella nunca le han atraído mucho los cómics pero que si viera uno así en una librería, fijo que se lo compraba. Que el rollo de un mundo sin personas es flipante.
15 Es casi la una de la madrugada y estamos tomando una pizza congelada que he hecho en el horno, mientras Adriana se leía el cómic. Teníamos tanta hambre que nos la hemos comido en un momento.

Peki está en su cuarto. Hace un rato que ha llegado, ha
20 saludado a Adriana y ha dicho que se iba a dormir, que ya había cenado. Me ha ofrecido curro para mañana y hemos quedado a las ocho. Adriana dice que le suena haber visto a mi primo alguna vez por el barrio.

Ahora hojea otra vez el cómic.
25 —El chico me recuerda a ti, no puedo dejar de verte a ti todo el rato.

—Sí, supongo, aunque ahora ya está un poco pasado el chaval.

—¿Y la chica? ¿A quién te imaginabas cuando lo escribías?
30 —¿A quién me imaginaba? No lo sé, supongo que a ti, te imaginaba a ti.

---

9 **un lametón** pasada de la lengua – 13 **fijo** seguro – 14 **flipante** *Esp* alucinante, increíble – 16 **congelado** muy frío, helado – 24 **hojear** pasar las hojas – 27 **pasado** *coloq* loco

—Pero si no me conocías.

—Bueno, pero eres la chica de mis sueños, y eso es lo que yo imaginaba.

—Yo no vivo en tu urbanización ni creo ser tan cobarde y
5 cursi como ella.

—Tienes razón.

—O sea, que no soy exactamente la chica de tus sueños.

Me quedo mirándola.

—Yujuuu —le digo, saludándola con la mano, como si ella
10 se hubiera ido a una habitación lejana y no se percatara de mi presencia—. ¿Qué te pasa?

Sonríe. Se levanta de la cama y se sienta encima de mí, a horcajadas.

—Perdona —dice—, tienes razón.

15 Nos besamos.

—Podías escribir algo de teatro, se te ocurren mazo de cosas. A lo mejor puedes escribir algo para mí, un monólogo o algo así.

—Sí, a lo mejor.

20 Seguimos besándonos.

—Lo dices por decirlo, no vas a escribirme nada.

—¿Qué te hace pensar eso? ¿Se puede saber qué te pasa hoy?

De repente Adriana se baja de mis piernas y se vuelve a sentar en la cama. Me mira desde ahí.

25 —Vaya —dice—, esto no te lo esperabas, ¿eh?, estás descubriendo una nueva Adriana.

Me siento a su lado. Está triste. Lo llego a saber y no le dejo el cómic en la vida. Le cojo la mano y no digo nada. No quiero mirarla ni atosigarla.

30 —¿Cuándo vas a volver a tu casa? —me dice entonces.

No tengo ganas de responder. Creo que es peor meternos en ese lío.

—No respondes.

---

4 **cobarde** ≠ valiente – 12 **a horcajadas** *loc* posición como sentado con piernas separadas – 27 **lo llego a saber** si lo hubiera sabido

—No sé cuándo volveré, pero te aseguro que ahora mismo no puedo tener menos ganas de hacerlo.

—Estas vacaciones se acabarán y tú volverás a tu casa.

—Pero por qué. ¿Qué te hace pensar eso?

5 —Volverás para arreglarte con tu padre y para buscar a la chica cursi de tu urbanización.

—Joder, tía —me estoy poniendo un poco nervioso. Suelto su mano y me pongo de pie, pero al hacerlo me doy, una vez más, un golpe en la cabeza con el techo. No puedo contenerme

10 y le pego un puñetazo al propio techo con todas mis fuerzas—. Es que no te entiendo, de verdad, no te entiendo.

Me siento de nuevo en la silla junto a la mesa y me miro el puño. Adriana tarda un rato en volver a mirarme. Luego me pide perdón y yo a ella y nos besamos, pero nada en esta noche

15 es igual a las anteriores.

Krishnamurti dice que el temor se basa siempre en el desconocimiento. Que tenemos miedo de ciertas cosas porque no las conocemos, y es la incertidumbre de lo que nos puedan deparar lo que nos provoca el temor. Dice que el temor es el

20 que impide el verdadero desarrollo de la mente. Una mente dominada por el temor es una mente incapaz de pensar por sí misma, de pensar de forma simple y directa. Una mente atemorizada es una mente obediente, una mente esclava de una idea, doblegada por algo que teme pero que en realidad no

25 conoce. ¿A qué le tiene miedo Adriana? ¿A qué le tengo miedo yo? ¿Conocemos realmente aquello que nos da miedo?

Hemos currado hasta las cinco de la tarde. Aunque el trabajo de hoy ha sido menos duro desde el punto de vista físico, he acabado hasta el gorro. La verdad es que por momentos

30 el asunto era bastante denigrante y si no fuera por Peki y su

5 arreglarse con up amigarse – **9 contenerse** controlarse – **10 un puñetazo** golpe
con el puño – **13 un puño** mano cerrada – **18 la incertidumbre** falta de información o
conocimiento de uc – **19 deparar** ocasionar, proporcionar – **22 atemorizado** con miedo
(→ temor) – **23 obediente** que hace lo que se le dice – **24 doblegado** ≠ resistente,
sujeto a la voluntad de otros – **30 denigrante** humillante, que da vergüenza

paciencia creo que habría mandado a paseo a todo el mundo antes o después.

No sé qué tenía que ver lo que hemos rodado con el seguro de un coche, sinceramente, pero el caso es que Peki y yo hemos
5 estado toda la mañana tirando margaritas a la piscina de un chalet superhortera en la urbanización más pija de la ciudad. Echábamos margaritas, así con un aire casual, como si las hubiera arrastrado el viento con tallo y hojas y todo y cuando la piscina estaba preparada se rodaba, la modelo se quitaba la
10 bata y se tiraba de cabeza a la piscina, eso sí, climatizada. Así un millón de veces, y luego lo mismo con otra modelo, y con otra y con otra, y nosotros venga a tirar margaritas nuevas y a recoger las viejas con un colador, incluso aquellos tallos más duros que por algún motivo se hundían inevitablemente cada
15 vez. Hay tareas que puede resultar hasta agradable hacerlas un par de veces, o cinco o incluso diez. Pero hacerlas, sin exagerar, más de cien, resulta insoportable y se convierte en un autentico sinsentido.

Por si fuera poco mi primo me dice que en esta ocasión
20 pagan menos y solo me da treinta euros. Sea como sea, me invade un placer inmenso al poder abandonar ese chalet horrible y ostentoso. Sin embargo, cuando salimos del metro en el centro y caminamos hasta la buhardilla de Peki, siento algo extraño en el ambiente, como una luz falsa en las viejas
25 fachadas de los edificios, algo que me desorienta, que me hace no reconocer nada de lo que veo, como si de repente esta no fuera mi ciudad, ni tampoco mi país, y este cuerpo de pies doloridos que apenas puede dar un paso más tampoco fuera mi cuerpo.

1 **mandar a up a paseo** *loc coloq* dejar de estar o tener relación con up – 3 **rodar** *una película* grabar, hacer – 6 **superhortera** *Esp* muy vulgar, de mal gusto – 6 **pijo** *Esp* esnob – 8 **arrastrar** tirar de uc – 12 **venga a** + INF una y otra vez – 13 **un tallo** parte larga, verde y fuerte de una planta – 14 **hundir** caer al fondo de uc – 14 **inevitable** ↔ evitar – 18 **un sinsentido** tontería – 22 **ostentoso** pomposo, opulento – 25 **una fachada** parte exterior de *p ej* una casa – 25 **desorientar** perder la orientación, confundir

No está. No quiero pensar que esto ya lo sabía. Pero en cierto modo ya lo sabía. No coge el móvil en toda la tarde. No lo entiendo. No me dijo nada, no tenía por qué decirme nada pero no me dijo nada ni me ha llamado por la mañana ni nada.
5 Dijo mil veces que estaba bien pero está claro que ayer le dio un yuyu raro y ahora no tengo ni puta idea de dónde está ni de lo que estará pasando por su cabeza. A lo mejor está en alguna clase, pero me dijo que ya no tenía más clases de teatro hasta después de vacaciones, le ha dado alguna ventolera y pasa de
10 verme, no quiere hablar conmigo, no es normal estar todo el día sin dar señales de vida.

A las siete hago algo que no me gusta pero lo hago. Voy a su casa y llamo al telefonillo. Responde una voz que supongo que es de su madre. Pregunto por Adriana. La madre me dice que
15 cree que ha salido, que espere un momento. Vuelve y me dice que Adriana ha salido. Le pregunto si sabe dónde ha ido, pero la madre, en lugar de responderme, me pregunta quién soy. Le digo que soy Gerardo y que le diga a Adriana cuando vuelva que la estoy buscando.

20 Lo ha conseguido. Lleva días intentando convencer a la chica para que salga de casa y le acompañe por la ciudad. Sabe que ella tiene miedo, sabe que no se atreve a enfrentarse con la realidad de lo que ha sucedido, que sigue anclada en el pasado. Su labor en estos días ha sido transmitirle la idea de que ahora,
25 en su nueva situación, ella ya es otra persona, que la chica que era antes y todo lo que le rodeaba ha desaparecido, esa chica ya no existe, se esfumó, no se sabe cómo ni por qué. Ahora es otra persona con otra vida, y esta vida tiene unas condiciones muy distintas que hay que saber aceptar, y luego aprovechar y
30 disfrutar.

---

6 **un yuyu** *coloq* momento de locura, reacción fuera de la norma – 9 **una ventolera** *coloq* pensamiento raro o extravagante – 20 **convencer** hacer que up haga o piense uc – 22 **enfrentarse** hacer frente, reaccionar a un peligro o problema – 23 **anclado** sujeto, ≠ libre – 27 **esfumarse** desaparecer, no estar

Parece que poco a poco su discurso ha calado en la chica. La ha llevado del brazo hasta el coche y han recorrido, como primera medida, las calles de la urbanización. Las praderas, las plantas y muchos arbustos están secos, aunque los árboles
5 sobreviven, y el aspecto de la mayoría de las calles no es demasiado distinto al que podrían tener cualquier domingo de agosto a primera hora de la mañana.

Pero luego, al llegar a la circunvalación, primero, y luego a las calles de la ciudad, ella parece que se encoge sobre sí misma y
10 empieza a llorar silenciosamente. No baja la cabeza sino que sigue mirando al frente, pero lo que ve parece ser más de lo que puede soportar. Él trata de consolarla, claro, aunque no está dispuesto a dar media vuelta y regresar a casa. De hecho, le gustaría que ella fuera capaz de bajar del coche y dar un
15 paseo e incluso que le acompañara hasta el interior de alguna tienda.

Mientras pasan por el distrito financiero, en un determinado momento, ella se derrumba. Llora desconsoladamente, y le pide a él que pare un momento. No puede quitar la vista de la
20 entrada de un edificio de oficinas. Se atreve incluso a abrir la puerta del coche y bajarse. Él la acompaña e interroga. Entre sollozos ella explica que allí trabajaba su padre. Se acercan hasta la entrada, pero la gran puerta giratoria está bloqueada y el interior muy oscuro. Suficiente para que ella acepte dar
25 media vuelta. Sin embargo, en el coche sigue llorando. Él se impacienta. Ella dice que echa mucho de menos a todo el mundo. Él se enfada con ella por ser tan débil y querer algo que es imposible.

Me imagino finalmente lo que puede ser una doble página.
30 Hago un boceto rápido con el lápiz: los dos fuera del coche, de

---

1 **calar** *coloq* asimilar, comprender – 3 **una pradera** campo – 4 **un arbusto** Busch – 8 **una circunvalación** carretera con varias entradas – 13 **dar media vuelta** regresar, volver – 18 **derrumbarse** *fig* caerse, perder la fuerza o ánimo – 18 **desconsolado** sin poder parar – 22 **un sollozo** respiración con pequeñas pausas al llorar – 26 **impacientarse** ponerse nervioso (↔ paciencia) – 27 **débil** ≠ fuerte – 30 **un boceto** esquicio, borrador

espaldas, asomados a la barandilla de un puente, y tras ellos todos los rascacielos del distrito financiero de la ciudad.

Bajo a la calle y me doy una vuelta. Necesito que me dé el aire. Esta noche la plaza está poco animada. Paso de largo
5 y camino por otras calles que apenas conozco. No sé bien qué es lo que hago, si busco a Adriana o no la busco, si tiene sentido que la siga buscando cuando es evidente que ella no quiere verme hoy. Pero no puedo dejar de imaginar que me la encuentro en una de estas calles, paseando también, sola
10 y completamente rayada con algo que ronda su cabeza y que quizá solo yo puedo sacar de ahí.

Es una calle muy estrecha. Las aceras no tienen más de medio metro, y están protegidas con bolardos para que los coches no se suban encima. Camino por el centro mismo de la
15 calle, en una ligera cuesta arriba, cuando me vibra el móvil. Lo llevaba en la mano.

Es mi madre.

No respondo. Todavía tengo una sensación rara en el estómago, como si nada de lo que hay en mi abdomen fuera
20 capaz de volver a colocarse en su sitio. Paseo un poco más, no sé por dónde. La llamada de mi madre me cabrea, pero curiosamente no con ella, sino con Adriana. Me vuelvo a casa cada vez más molesto. ¿Por qué? No entiendo que me haga esto, joder.

25 En cuanto abro la puerta veo que Peki se levanta del futón:

—¿Te has enterado?

—¿Qué ha pasado?

—Tu padre se ha entregado al juez. Se ha declarado culpable.

30 Miro a Peki un momento. No puedo responder. Veo que tiene la tele encendida.

---

1 **una barandilla** Geländer – 2 **un rascacielo** edificio muy alto – 10 **rayado** *coloq* loco –
13 **un bolardo** Poller – 15 **una cuesta** rampa, inclinación – 19 **un abdomen** barriga –
23 **molesto** enfadado – 28 **entregarse** ir a la policía (por ser culpable de uc)

—Tu madre te estaba llamando.

Creo que asiento.

—Han dado la noticia ahora. Se ha entregado esta mañana, dicen que estaba derrumbado, que no ha podido resistir más
5 tiempo la presión y hasta él mismo ha aportado pruebas que le incriminan. El juez ha decretado prisión incondicional y va a reabrir la investigación.

Me oigo decir «qué fuerte», y de repente estoy en mi cuarto. No sé cómo he llegado, pero estoy aquí. Noto palpitaciones
10 en la cabeza, son como oleadas calientes que van y vienen. Culpable. Veo su cara, la veo. Todo esto es morralla administrativa, me dice. Veo su barba cada vez más corta. Noto el peso de su mano. El cauce subterráneo entre primogénitos, dice, y me estruja el hombro. Culpable. Pruebas que le
15 incriminan. Creo que estoy andando. También estoy sentado. Vengo a entregarme, soy culpable, mis manos están sucias de dinero, señor juez.

Me suena el móvil en el bolsillo. Cuelgo y lo apago de una vez, pero oigo que ahora suena el de Peki, está hablando, es mi
20 madre, seguro.

Salgo de casa sin pensarlo dos veces. Supongo que Peki me ha oído salir, pero no le he dado ni tiempo para que me llamara. Bajo los escalones de dos en dos. Culpable, eres culpable, ahora lo reconoces, te has hartado de decir que eras
25 inocente, te has llenado la boca con palabras bonitas sobre la noble acción política y ahora resulta que todo era verdad, que has hecho trampas, que has tergiversado la ley con el único fin de forrarnos, que has engañado a todo el mundo, también a tus votantes, vas y lo confiesas al juez, ni siquiera eres capaz
30 de decírnoslo a nosotros, no tienes valor de mirarnos a los ojos y contarnos realmente lo que ha pasado y por qué ha

---

4 **derrumbado** triste, sin fuerzas – 5 **aportar** dar, entregar – 6 **incriminar** culpabilizar, relacionar con uc – 6 **decretar** ordenar, mandar – 6 **incondicional** absoluto, completo – 9 **una palpitación** movimiento interior involuntario – 10 **una oleada** golpe que viene y va (→ ola) – 14 **estrujar** apretar mucho – 23 **un escalón** cada paso de una escalera – 27 **hacer trampas** *loc* mentir – 27 **tergiversado** mal interpretado o falso – 29 **un votante** partidario, up que vota

pasado. Quién eres, papá. ¿Era falso todo? ¿Todo? ¿Cómo has conseguido esconder la verdad durante tanto tiempo?

Estoy andando por la calle cuando la veo venir. Al principio pienso que es un tío, luego pienso que desde luego se parece 5 mucho a ella y me doy cuenta de que es ella.

Me porto como un gilipuertas, lo sé. En lugar de darle un beso, de abrazarla, en lugar de decirle la verdad, que me alegro mucho de verla, le pregunto que dónde ha estado, que llevo todo el día buscándola.

10 —Perdona —me dice—, no sé qué me ha ocurrido.

—No tenías ganas de verme, ¿verdad?

Tarda un poco en responder.

—Estaba mal, lo siento, necesitaba pensar.

—Estabas mal, claro, ¿y por casualidad no te has parado a 15 pensar si yo estaba bien o mal?

—Lo siento, ya te he pedido perdón, he vuelto, aquí estoy, si he hecho algo mal lo siento, de verdad, pero ya no se puede cambiar.

—Es muy fácil, hacemos lo que nos sale de los huevos, 20 pedimos perdón y ya está, muy fácil.

Adriana da un paso para atrás. Creo que definitivamente se ha rebotado.

—¿Prefieres que no pida perdón o qué? —me mira muy fijamente—. Te agradecería que no pagaras lo de tu padre 25 conmigo.

¿Mi padre? Oír a Adriana mencionar a mi padre me resulta insoportable. De repente veo la cara de Javier, ¿qué cara tiene Javier?, ¿se ha enterado Javier?, ¿qué piensa Javier? Papá no ha podido hacer nada así, Gerardo, me dice Javier.

30 —¡El qué de mi padre! —le digo a Adriana con malas maneras.

—Lo de tu padre, lo que ha pasado hoy, lo sabes de sobra —dice ella.

---

6 **portarse** actuar, comportarse – 6 **un gilipuertas** *coloq* tonto – 19 **hacer lo que le sale a up de los huevos** *loc vulg* hacer lo que se quiere – 22 **rebotarse** *Esp coloq* molestarse, enfadarse – 26 **mencionar** nombrar

—Has venido por eso, ¿verdad? —sé que lo estoy estropeando todo, pero las palabras corren más de lo que pretendo—. Has oído que mi padre se ha entregado y te ha dado miedo que me fuera. Esa es tu manera de plantear las cosas, te da igual lo que yo pueda sentir, no haces ni el menor esfuerzo por ponerte en mi lugar, lo único que te preocupa es que yo me vaya y se acabe tu bonito cuento de hadas. Eres un poco egoísta, ¿no?

—¿Qué? —Adriana me mira con incredulidad.

—Lo que oyes.

Se da la vuelta y se marcha. No soy capaz de reaccionar, solo puedo mirar cómo se aleja.

Se gira un momento y grita:

—¡Me voy! ¡Le había dicho a mi viejo que no iba de vacaciones, pero he cambiado de opinión!

—¡¡Ale, pues disfruta, disfruta!!

Ya no se vuelve más. Se aleja. Se aleja. Se aleja.

Mientras camino paso cerca de la plaza de los juzgados centrales, creo que son los juzgados centrales, tampoco estoy muy seguro, ni me importa. Un poco después paso junto a otro edificio que también pienso que puede ser de los juzgados. Un cerco de vallas amarillas lo rodea, impidiendo aparcar en la zona. Esquivo un coche de policía y camino por la acera junto al edificio. ¿Y si mi padre estuviera durmiendo dentro? No sé qué se hace con los acusados en prisión incondicional, ni cuánto tiempo tardan en llevarlos a la cárcel.

Sigo caminando, giro en la otra esquina, por detrás de otro coche de policía, es una acera pública, no pueden decirme nada. Llego a la puerta principal. Me detengo y miro hacia el interior, como si más allá del reflejo de las puertas de cristal pudiera verse algo. Sale un policía de dentro y me dice que no puedo estar allí. Le digo que no conocía el edificio y tenía

---

4 **plantear uc** proponer – 5 **ponerse en el lugar de uc** empatizar, comprender a up – 7 **un cuento de hadas** Märchen – 8 **la incredulidad** ↔ creer – 17 **un juzgado** Gerichtsgebäude – 21 **un cerco** límite – uc – 21 **una valla** Zaun

ganas de conocerlo. Me dice que me vaya inmediatamente. Pienso en preguntarle si allí hay calabozos, pero el policía me dice que me vaya hacia el centro de la plaza, que él pueda verme, y abandone la plaza por el lado opuesto al edificio. Le
5 hago caso. En realidad me la pela el edificio este.

Salgo por la calle que está justo enfrente. Es la única calle en este lado de la plaza. En un trozo ajardinado, un poco en penumbra, veo una pancarta atada a dos árboles.

La pancarta dice: «GG-M = PINOCHO». De nuevo siento
10 palpitaciones. Dejo de mirarla, me desgarra, veo cajas en el suelo, bolsas de plástico y lo que parecen otras pancartas plegadas. No hay nadie por allí.

Salgo de la plaza, pero el blanco sucio de la pancarta me acompaña, el spray negro, los agujeros para dejar pasar el
15 viento. Una moto pita, frena a mi lado, patina y consigue esquivarme. Me doy cuenta de que he cruzado sin mirar. El motorista ha parado dos metros más allá.

—¿Estás loco? —me dice el casco—. Mira por dónde cruzas.

Me acerco y le empujo. No me reconozco en nada de lo que
20 hago, solo sé que le vuelvo a empujar. Le doy un golpetazo con la palma de la mano en el casco y le digo que se lo quite si se cree tan valiente. Se aparta como puede, se apoya en el manillar, acelera y se marcha a toda velocidad.

Ella está dormida a su lado. Es medianoche y él no puede
25 dormirse. No sabe por qué, pero de repente le ha venido a la cabeza una imagen del zoológico de la ciudad. Si ya no hay animales en el mundo, si todos los perros de la urbanización han desaparecido, al igual que sus dueños, tampoco habrá

---

2 **un calabozo** lugar para encerrar presos – 5 **pelársela a up** *vulg* dar igual uc –
7 **ajardinado** con jardín – 8 **la penumbra** sombra débil, poca luz – 8 **una pancarta**
cartel, letrero – 10 **desgarrar** *fig* romper por dentro – 12 **plegado** doblado – 15 **patinar**
aquí: moverse al perder el equilibrio – 18 **un casco** Helm – 19 **empujar** mover a up por
un golpe – 20 **un golpetazo** golpe violento y ruidoso – 21 **una palma** parte interior
de la mano – 23 **un manillar** parte de la moto para apoyar las manos al conducir –
23 **acelarar** aumentar la velocidad

animales en el zoo, el zoo será un lugar tan desierto como los demás. ¿Será realmente así?

Por la mañana, antes de que ella se levante, coge el coche y después de dar muchas vueltas consigue llegar al zoo. Deja
5 el coche en el centro mismo de la zona de aparcamiento y camina hasta la entrada.

Las puertas están cerradas y tiene que saltar una tela metálica. Es la zona de los flamencos, se acuerda perfectamente, pero allí no hay ningún flamenco, ni ninguna
10 otra ave, ni tiene pinta de que haya ningún otro animal en el zoo. Aun así, de pronto siente cierta inquietud. ¿Qué hace él allí metido? ¿No será peligroso? ¿Y si ha sobrevivido algún animal salvaje? ¿Y si un tigre, un rinoceronte, un oso o cualquier otro bicharraco está suelto por el zoo, ahora que, con total seguri-
15 dad, las vallas de sus recintos han perdido la electrificación? Cree oír un ruido, se detiene, escucha bien. Quizá sea solo su imaginación.

Empieza a recorrer el zoo con cierto recelo, arrepentido de su decisión, pero a la vez incapaz de dar marcha atrás y salir
20 por el mismo sitio por el que ha entrado. El zoo es un lugar desierto. Ni elefantes, ni leones, ni macacos, ni cebras, ni jirafas. Después de todo, era lo previsible: lo mismo que hizo desaparecer a las personas hizo desaparecer a los animales. Se tranquiliza bastante. Ahora le parece infundada la inquietud
25 que le ha llevado hasta allí y también la que ha sentido hace solo un momento.

Entra en la casa de los gorilas, un recorrido en el que habitualmente, a través de grandes ventanales, se puede ver a los gorilas en un microhábitat creado para ellos. Sin luz
30 eléctrica, el recorrido es oscuro y siniestro. Al otro lado de los cristales, sin embargo, la propia luz del día ilumina la zona

---

11 **una inquietud** nerviosismo, miedo – 13 **un rinoceronte** Nashorn – 14 **un bicharraco** *despect* animal (→ bicho) – 15 **un recinto** lugar cerrado – 19 **dar marcha atrás** volver – 21 **un macaco** mono – 22 **previsible** esperado, imaginado – 24 **infundado** sin base – 27 **un recorrido** ruta, trayecto, camino – 30 **siniestro** inquietante, oscuro, desagradable

de los gorilas. No hay ninguno, evidentemente. Ve algunos de los juguetes que los cuidadores suelen dejarles, bidones vacíos, cuerdas, cajas. Le llama la atención un saco enorme de comida, de grano o algo así, que ha sido agujereado por un ex-
5 tremo y parcialmente vaciado. De repente la hamaca de sogas trenzadas se mueve y de ella baja una cría de gorila que corre hasta el cristal. Él da un paso hacia atrás. La cría empieza a dar un salto tras otro hacia el chico, sin importarle chocar cada vez con sus patas en el cristal. Así una vez tras otra, presa de
10 una completa desesperación. El chico no sale de su asombro. ¿Cómo ha podido sobrevivir ese animal? ¿Por qué él y no los demás? Mira a su alrededor. Mira bien el interior del hábitat a ver si hay algún gorila más, pero no es así. Está claro que ese pobre animalillo se encuentra abandonado.

15 ¿Qué puede hacer? Una idea empieza a rondar su cabeza: ¿hay acaso en la inmensidad de la ciudad, en la infinidad de tiendas que ya ha recorrido y saqueado, un regalo mejor que pueda llevarle a la chica? ¿No les vendría de maravilla la compañía de una mascota tan genial, alegre y llena de
20 vitalidad, con lo escaso que todo esto resulta en el mundo que les está tocando vivir? Si ellos vienen a ser como Tarzán y Jane, el gorila será su pequeña Chita, una especie de hijo al que dar todo el cariño del que disponen. El chico vuelve a mirar a su alrededor. Está completamente decidido a llevarse al gorila de
25 allí. Este da golpes con los nudillos en el cristal para llamar su atención.

El chico sigue el recorrido intentando encontrar alguna puerta, sabe que tiene que haber algún acceso para los

---

2 **un cuidador** up que está encargada de los animales (→ cuidar) – 2 **un bidón** recipiente grande para llevar p ej gasolina – 4 **el grano** cereal – 4 **agujereado** con agujeros – 5 **vaciado** ≠ llenado – 5 **una hamaca** Hängematte – 5 **una soga** Seil – 6 **trenzado** geflochten – 6 **una cría** animal joven – 9 **una pata** pierna de animal – 10 **la desesperación** angustia, alteración del ánimo p ej por miedo – 15 **rondar uc por la cabeza** pasarse, dar vueltas a uc – 16 **la inmensidad** infinitud, enormidad (→ inmenso) – 17 **saquear** robar, llevarse todo – 18 **venir uc de maravilla** ser muy bueno – 19 **una mascota** animal de compañía – 20 **escaso** poca cantidad de uc – 21 **Tarzán y Jane** personajes ficticios que viven en la selva – 22 **Chita** mono compañero de Tarzán – 25 **un nudillo** articulación de los huesos de los dedos

cuidadores. Encuentra una puerta con una indicación de prohibido el paso y de peligro. Intenta abrirla, pero está cerrada. Observado incansablemente por el pequeño gorila, busca algo con lo que forzarla, pero allí dentro no hay nada.
5 Sale al exterior y encuentra una especie de tarugo en el recinto del pavo real. El gorila salta al verle entrar de nuevo. La cerradura se rompe tras un buen golpetazo del tarugo y la puerta se abre. Es un pasillo con materiales de los cuidadores, cepillos, mangueras, cubetas de plástico… Al final hay una
10 puerta. Baja el picaporte con cierto recelo, esperando encontrar allí mismo al gorila, pero no es así. Entra al recinto y busca al gorila, que sigue pegado al cristal. Seguramente el pobre animal no conoce la puerta de los cuidadores, es probable que nunca en su vida haya visto a uno. Pero cuando ve al chico,
15 corre hacia él y de un salto se le sube al pecho y le abraza y no le suelta. Entonces el chico vuelve sobre sus pasos para salir. ¿Por dónde? La puerta se ha cerrado sola, no tiene picaporte ni nada, y de hecho está perfectamente camuflada con una cubierta que simula una superficie rocosa. Da patadas, intenta
20 meter las manos, pero es inútil. Está encerrado. Se siente el ser más estúpido que haya existido nunca sobre el planeta. Recorre todo el perímetro de los cristales, palmo a palmo explora el microhábitat de los gorilas. No hay salida posible. No hay absolutamente nada con lo que intentar romper unos
25 cristales que parecen hechos a prueba de bomba. Ni en un millón de años la chica, cuando despierte, podrá averiguar que es allí, en el zoo, en la maldita jaula de los gorilas, donde él está. Se sienta en un bidón. El gorila se sienta a su lado, le agarra la mano y empieza a rascarse la tripa con ella. Nadie los
30 mira al otro lado de los cristales.

---

1 **una indicación** letrero, señal – 3 **incansable** sin pausa – 5 **un tarugo** pedazo de madera corto y gordo – 6 **un pavo real** Pfau – 9 **una manguera** tubo largo para regar (Schlauch) – 9 **una cubeta** cubo, recipiente *p ej* para agua – 10 **un picaporte** objeto para abrir y cerrar una puerta (Türklinke) – 18 **camuflado** disimulado, escondido – 19 **una cubierta** uc que tapa (→ cubrir) – 19 **rocoso** de piedras – 22 **un perímetro** Kreislinie – 22 **palmo a palmo** completa y detalladamente – 29 **rascarse** sich kratzen – 29 **una tripa** barriga

¿Ha cogido maleta mi padre antes de salir de casa?, ¿a qué se refería Peki con que estaba derrumbado?, ¿qué quieren decir los de la tele con la palabra «derrumbado»?, ¿hay imágenes de eso?, ¿cómo está mi padre?, ¿dónde está encerrado?, ¿se siente
5 un miserable?, ¿se siente hundido?, ¿se siente un canalla?
¿Lo es?

Al final estoy aquí. Me cojo una malla de seis latas de cerveza. Llego al mostrador. Hay dos chavales de unos catorce años delante de mí. Llevan una Coca-Cola de dos litros y vasos de
10 plástico. Le piden al chino una botella de whisky. El chino dice que de eso no tiene, que no puede venderlo. Uno de los chavales pone sobre el mostrador un billete de veinte euros, y se queda mirando al chino. El chino se asoma un momento a la calle y mira hacia ambos lados. Regresa y desaparece por
15 una puerta que hay detrás del mostrador.
Miro a mi alrededor. No hay más chinos ni nadie más, solo los dos chavales. Decido marcharme con las cervezas, sin pagar. Lo hago. Antes de pensarlo lo hago. En la calle no quiero volverme ni pensar en mi espalda ni en lo que puede ocurrir
20 por detrás de mí. Me meto por una bocacalle y luego por otra. Respiro hondo. Abro una lata. De pronto me imagino que Adriana está cerca de mí, que me está viendo, me doy la vuelta, no está. Me siento como el culo.

Dice que se llama Pantera y lleva unas marcas negras pintadas
25 en la cara. Es de la panda de los dos chavales que le han comprado el whisky al chino, pero allí ninguno va disfrazado ni nada así. Me ha entrado de pronto, porque yo estaba por allí con mis cervezas, viendo cómo hacían skate en las rampas de

---

5 **hundido** *aquí:* deprimido – 5 **un canalla** mala persona (Schurke) – 7 **una malla**
tela con agujeros *aquí:* para sujetar – 8 **un mostrador** mesa larga *p ej* en una tienda
para presentar mercancía – 23 **como el culo** *vulg* muy mal – 25 **una panda** grupo –
26 **disfrazado** que imita uc *p ej* en carnaval

una oficina de Correos, y me ha ofrecido cubata y se ha quedado de charla conmigo. En mi vida había estado en este lugar.

Me cojo un ciego del veinte con el cubata y empiezo a sentirme mal. Me ha entrado con ese rollo vacilón: «¿Quieres? Me llamo Pantera, ¿y tú?». No le he dado mucha bola pero se ha quedado bebiendo conmigo y me ha preguntado mi edad y me ha dicho que le parecía mazo de guapo. Ella no creo que pase de los catorce, pero no se lo he preguntado.

Ahora sus amigos se han ido ya pero ella se ha quedado. A lo mejor lo que le gusta de mí es que no hable nada. Tiene la boca demasiado grande y los labios demasiado finos. De una compuerta metálica que hay en el suelo, por delante de nosotros, sale una cucaracha negra asquerosa.

—¿Las panteras coméis cucarachas? —le digo, señalando.

Da un gritito que la hace todavía más niña. Me oigo a mí mismo decir estas palabras:

—De todos los insectos, las cucarachas son los más noctámbulos y pandilleros. Si les doy cubata igual la palman, o bailan o les da la risa floja. Igual si les doy cubata crecen y se vengan de las personas que siempre las pisan o se convierten en princesas o en ranas o en princesas alcohólicas.

No sabía que estaba tan borracho. Ella se ríe mucho. Me acerco y lo que hago se parece a dar un muerdo, lo es, y ella se queda como un flan, pero se deja hacer completamente, es cualquier cosa menos una pantera. Sabe a una cosa extraña que no sé lo que es ni me interesa, besa de una manera rara como muy fofa, no sé si es turrón o algo así, como caramelo, o avellana, o galletas de esas de nata pero un poco rancias.

Entonces regurgita de mi estómago un intenso sabor a whisky, me levanto deprisa, me muevo un par de metros y echo

---

1 **una cubata** *coloq* cubalibre, ron con cocacola – 4 **vacilón** *coloq* burlón, bromista –
5 **dar bola a up** dar conversación, charlar – 12 **una compuerta** puerta para controlar la salida *p ej* de agua – 18 **noctámbulo** que vive de noche – 18 **pandillero** bandido, que busca problemas – 18 **palmar** *Esp coloq* morir – 19 **flojo** *aquí:* incontrolable – 24 **como un flan** *loc coloq* nervioso, asustado – 27 **fofo** sin fuerza – 27 **el turrón** dulce de Navidad – 28 **una avellana** Haselnuss – 28 **rancio** ≠ fresco, viejo – 29 **regurgitar** salir, devolver – 30 **echar la pota** *Esp coloq* vomitar

la pota en la papelera que hay delante de Correos, apoyado en la pared. La pantera sonríe cuando regreso, como si no estuviera segura de si la sigo queriendo. Me siento y espero a encontrarme mejor. Un poco después está besándome de
5 nuevo. ¿Es sabor a nata? ¿No será yogur?.

Hay una señora cerca de casa de Peki que vende bocatas desde la ventana de la cocina de su casa. Es en un callejón y todo el mundo lo sabe y entre las cuatro y las seis de la mañana siempre hay gente por allí.
10 Pantera dice que no quiere nada. No sé si lo dice o lo imagino. Solo sé que yo quiero un bocata de lomo. Lo quiero ya. Las tres chicas que hay en la ventana han tardado un montón en escoger.
La señora ha vuelto con los bocadillos de las tres chicas
15 envueltos en papel de plata y los ha metido en una bolsa. Ellas pagan y se van. Cuando la pareja que va delante de nosotros está pidiendo aparecen un par de listos y dicen que en realidad les toca a ellos, que son colegas de las chicas que se acaban de ir, que les estaban guardando el turno. Es evidente que todo es
20 falso y se están colando por todo el morro.
—Eh —digo—, ¿qué hacéis?
Me miran un poco sorprendidos.
—Os estáis colando, joder, ¿no veis que estamos esperando los demás?
25 Uno de ellos, el más gordo, me dice que calle la boca y siga esperando si no quiero tener un problema.
—El problema lo tienes tú, gilipollas —me acerco y veo que le pego un empujón y que no controlo nada de lo que hago.
Mi empujón no le hace nada, pero el suyo sí, no ten-
30 go piernas, no me sujetan, me caigo, me doy en el codo, el hombro, me levanto, intento levantarme, me levanto.

---

1 **una papelera** objeto para poner la basura – 7 **un callejón** calle estrecha – 15 **envuelto** empaquetado – 15 **el papel de plata** lámina de aluminio para envolver – 19 **guardar el turno a up** esperar en el puesto o lugar de up (en una fila) – 20 **colarse** *coloq* meterse sin permiso en un lugar

Vuelvo hacia él haciéndome la víctima, le digo tío no hace falta que te pongas así, perdona, pero es que llevamos esperando un rato y… le pego un rodillazo en los huevos con todas mis fuerzas, le he pillado desprevenido al muy imbécil.

5 Se queda retorcido de dolor mientras el otro echa el puño hacia atrás. En toda la cara. Ahora estoy en el suelo. Un puñetazo es sabor y calor.

Me dan patadas en la espalda y en los riñones. La boca se me llena de un líquido caliente y espeso. La pantera da gritos.

10 El líquido espeso sobre el suelo es rojo y ya ni siquiera sé si duelen las patadas. Te lo mereces, soy yo que lo pienso.

—¡Parad, por favor, parad! —intento decir, pero no estoy seguro de conseguirlo.

—Eres patético —dice el del rodillazo y me escupe.

15 Luego no sé bien qué pasa, estoy un rato o no, me arrastro hasta un portal y viene la pantera con una botella de agua.

Estoy dándome cuenta de que pretende sujetarme la nuca mientras me da agua y veo su cara redonda y sus marcas negras de pantera y le digo que se vaya, por favor, que no quiero verla,

20 que me deje solo de una maldita vez.

No es la mente la que piensa, son las palabras las que piensan. Las palabras se piensan a sí mismas o algo así. Si se quitan las palabras, ¿qué queda? También el dolor es una palabra, si lo piensas. ¿Cómo saber lo que soy, lo que siento,

25 lo que me pasa, sin recurrir a palabras? Un estado así, extraño y pleno a la vez, en el que nada del pasado ni del futuro está ante ti.

Lo que más tengo es frío, ahora. No necesito que me vea nadie. Camino. Lo hago ahora o lo he hecho antes o voy a hacerlo, no

30 lo sé. Entro al bar, pido un Colacao y unas magdalenas y paso al baño. Deshago las magdalenas empapadas en la boca y las

---

3 **un rodillazo** golpe con la rodilla (Knie) – 4 **desprevenido** coger por sorpresa – 8 **un riñón** Niere – 14 **escupir** soltar saliva por la boca con violencia – 17 **una nuca** parte posterior del cuello – 25 **recurrir** acudir, utlizar, usar – 31 **empapado** lleno de un líquido

trago sin apenas dolor. Me lavo la cara. No necesito que me vea un médico. Ojeras del quince, la nariz un poco hinchada, ya está. Dame dos paquetes más de magdalenas, otro Colacao. Miedo a que me duela al mear, no sale nada. Al final aprieto,
5 no duele, no hay sangre, qué ganas tenía de mear. Lo que duele es moverse, caminar, agacharse. Camino. Otra vez tengo frío. Paro el taxi. Apoyo la cabeza en el respaldo. Cierro los ojos.

   ¿Por qué tu mirada es así de extraña? ¿Por qué te ocultas tras unas gafas de sol? ¿Cómo te encuentras, papá, te encuentras
10 tan mal como yo?

   ¿Qué?

   No sé cuánto tiempo va a pasar entre una tos del taxista y otra tos del taxista, que sigue siendo el mismo. No, no es eso lo que quiero pensar.

15 ¿Por qué lo has hecho, papá? Algo en el cuerpo me dice que quiero verte. Quiero darme cuenta de que eres tú. Mi cabeza no se da cuenta porque solo mira hacia fuera, pero sé lo que digo.

   Cuando te dan una paliza no te encuentras tan mal. En el
20 fondo hay algo que te hace sentir hasta bien. Ahora es por la primera a la derecha. No te encuentras tan mal. En la rotonda de frente. ¿Cuánto tiempo va a pasar? Y por la primera a la izquierda. Aquí, aquí, por favor, pare ya aquí.

   Le he dicho al taxista que parara antes, no quería bajarme
25 delante de casa. El cerezo del vecino está en flor y lo llena todo de un olor dulzón. Es temprano pero ya hay abejas zumbando entre las flores. Camino muy despacio. Cada vez que apoyo la pierna derecha siento un inmenso dolor en toda la espalda, que no puedo localizar. Tanto que se me extiende hasta la
30 cabeza. Es imposible andar sin apoyar una pierna. Pero sí es posible descansar cada dos pasos.

---

2 **las ojeras** Augenringe – 2 **del quince** *coloq* muy grande – 2 **hinchado** de mayor tamaño (por el golpe) – 4 **mear** orinar – 19 **una paliza** serie de golpes dados a up – 21 **una rotonda** plaza circular para regular el tráfico – 25 **un cerezo** Kirschbaum – 25 **estar en flor** in Blüte stehen – 26 **dulzón** desagradablemente dulce – 26 **zumbar** hacer ruido continuo y sordo

No está el coche de mi madre. La casa es la misma de siempre y está como siempre. Las casas no tienen sentimientos y no se enteran mucho de las cosas que pasan. La persiana de mi cuarto está bajada. A lo mejor es que estoy durmiendo, y yo
5 no soy yo, sino otro. La del cuarto de mis padres está subida. Seguramente mi madre no está y Javier está con Luisa, la chica. Mejor averiguarlo.

Fuerzo un poco el barrote de la cancela que está suelto, meto la mano y giro el picaporte. Tengo las llaves en casa de Peki.
10 Miro por la rendija lateral de la puerta del garaje y veo el coche de mi padre. Nadie se lleva el coche a la cárcel. Tres pasos más, descanso, me acerco a la pared. Camino apoyando el peso en la pared, y me duele menos. En la ventana de la cocina veo a Luisa, la llamo, le digo que me abra.
15 Luisa no se extraña mucho de verme allí. Me dice que mis padres no están. Javier está con la DS, pero cuando me oye viene corriendo. Está en pijama. Estiro el brazo para que no se abalance encima de mí ni nada así.

—Gerardo, ¿qué te ha pasado?
20 No dice nada más. Me mira mucho, con cierta distancia, sonriente y como maravillado por mi presencia. Es increíble, pero creo que ahora tengo algo de héroe para él.

Se toma los cereales que Luisa debe de haberle servido hace un buen rato. Me siento a la mesa, enfrente de él. Dice que
25 mamá se ha ido a ver a papá.

—¿Qué te ha pasado en la boca y en la pierna?

—Nada, Javi, no me lo preguntes más veces, por favor.

—¿Has vuelto porque ya no está papá?

Se ha dejado la DS encendida y suena todo el rato la misma
30 música machacona repetida.

—No sé por qué he vuelto. En realidad no sé si he vuelto.

—Papá no tenía que haber hecho algunas cosas que ha hecho, como aceptar dinero y cosas de esas, pero al menos ha

---

8 **forzar** hacer fuerza para *p ej* abrir uc – 8 **un barrote** barra (Stab) – 8 **una cancela** valla, puerta de *rejas* (Gitter) – 10 **una rendija** abertura larga y estrecha – 21 **maravillado** encantado – 30 **machacón** repetitivo

tenido la valentía de reconocerlo y entregarse. Eso no lo hace nadie.

—¿Quién te ha dicho eso?, ¿mamá?

—Lo digo yo.

5   Asiento. Sobre la superficie de cristal de la mesa, en la parte que no está cubierta por el mantelillo de Javier, se ve reflejada la ventana que mi hermano tiene detrás. Es como si nunca hubiera dejado de mirar esta imagen, invertida, sesgada, en que la ventana adquiere forma de rombo y el sándalo de la
10 maceta crece de arriba abajo, como una planta colgante. El olor de los cereales, la cara de Javier, el sonido de la DS o del móvil de Luisa: creo que llevo muchas vidas viendo, oyendo y sintiendo todas estas cosas.

—Ahora a lo mejor se pasa cinco o seis años en la cárcel
15 —dice Javier.

—No pienses en eso.

—¿Por qué?

—No lo sé.

—Cuando papá salga, yo ya estaré en cuarto de la ESO, es
20 increíble.

—Sí.

Se toma tres cucharadas de cereales muy deprisa, se bebe la leche y se levanta. Creo que quiere volver a la DS, pero da un salto extraño junto a la mesa y está a punto de caerse. Mira
25 una manchita negra en el suelo y dice riendo:

—Creía que era una hormiga.

Entonces se queda mirándome y creo que va a volver a preguntarme algo de mis heridas, pero no.

—¿Tienes novia? —dice.

30   Sonrío. Tengo la impresión de que si no respondo rápido, Javier va a desaparecer sin esperar mi respuesta.

—Sí, creo que sí —le digo.

—Lo sabía —y ya está agarrando el mando de la Play.

---

1 **la valentía** Mut (→ valiente) – 6 **un mantelillo** tela individual para proteger la mesa – 8 **invertido** al revés – 8 **sesgado** schräg – 9 **un sándalo** Sandelholzbaum – 10 **una maceta** recipiente para poner tierra y plantas – 10 **colgante** → colgar – 25 **una manchita** *dim* mancha, suciedad – 33 **una Play** *Station* videoconsola

Abro la puerta de mi habitación. No enciendo la luz sino que entro a tientas y subo la persiana. Hay un olor raro, y a la vez familiar. Todo está muy ordenado. Es evidente que han aprovechado mi ausencia para hacer una limpieza a fondo. El
5 tablero de la mesa brilla de una manera descarada, los libros y cuadernos están amontonados en un lado y el teclado está junto a la pantalla, en un sitio que no es el suyo. Sin embargo en la cama la colcha está un poco arrugada, como si alguien se hubiera tumbado encima, y la almohada aplastada. En
10 la mesilla hay un envoltorio de caramelo de menta. La radio tiene la antena desplegada y los dígitos parpadeando. Intento encenderla, pero evidentemente se ha quedado sin pilas. Sé que ha sido mi padre el que, en algún momento, no sé cuándo, ha entrado en mi habitación y se ha tumbado en la cama a oír
15 la radio. Yo también me tumbo. Es lo único que me apetece.

La almohada huele a la colonia de mi padre. Es un olor demasiado intenso. Le doy la vuelta. Intento meter las manos bajo mi cabeza, pero me duele mucho una costilla al hacer ese movimiento. Siento también el mismo dolor al relajar el
20 cuerpo totalmente y descansar su peso sobre el colchón. Pero me aguanto.

Veo el cielo y las copas de los árboles a través de la ventana. Tengo la impresión de que están más verdes que cuando me fui, aunque no ha pasado mucho tiempo.

25 Cierro los ojos e intento evitar el parloteo de la mente, como dice Krishnamurti, pero creo que no lo consigo. No sé vaciar la mente de pensamientos ni de palabras ni de imágenes. Adriana alejándose por la calle, el papel de plata de los bocadillos, la reja de los bocadillos, el gordo, el taxi, la pantera, la reja de los

---

2 **a tientas** *loc* con la mano y sin ver nada – 5 **un tablero** tabla, superficie de madera – 5 **descarado** que se nota mucho (→ descaro) – 6 **amontonado** uno encima de otro – 6 **un teclado** Tastatur – 8 **una colcha** tela que cubre la cama – 8 **arrugado** zerknittert – 10 **un envoltorio** papel que protege uc – 10 **la menta** Minze – 11 **desplegado** estirado, ≠ doblado – 11 **parpadear** abrir y cerrar los ojos – 12 **una pila** batería – 19 **una costilla** Rippe – 25 **el parloteo** *coloq* charla sin parar

bocadillos, el papel de plata, la señora, la ventana, las patadas, Peki no da patadas, la reja de los bocadillos, la pancarta, las pancartas tienen agujeros para que pueda pasar el viento antes de dormirte entre los bocadillos, gorila.

5 Lo ha probado todo. Se ha dejado el alma y las manos intentando romper un pedazo de la gran roca que hay en el hábitat de los gorilas para lanzarla contra el cristal. Pero no ha podido. El cristal, además, es muy grueso: por más patadas que le da no tiembla ni siquiera un poco. No sabe qué hacer,
10 es desesperante. Evidentemente también lo ha explorado todo por encima de los pasadizos acristalados por donde van los espectadores. Pero la valla que separa el hábitat del exterior es de hormigón y su altura debe de superar los tres metros. Si un gorila no puede escapar de allí, menos lo va a hacer él. Piensa
15 que podría hacer una gran hoguera, con la esperanza de que la chica, que en algún momento tendrá que salir a la ciudad a buscarle, la vea y se acerque hasta allí a ver qué pasa. Pero no tiene nada para hacer una hoguera. Ni cerillas, ni papel, ni nada.
20 Al principio rechaza por completo comer de esas bolas de repugnante polvo apelmazado que han mantenido vivo al gorila. Pero pasan los días y se encuentra tan débil que, aunque no tiene hambre, no le queda más remedio que masticarlas y tragarlas. Lo de la sed es peor. Por suerte la segunda noche
25 llovió abundantemente y pudo recoger agua en un trozo de bidón, pero ahora se está acabando. Duerme durante el día, porque por las noches hace demasiado frío. Sueña que llegan humanos al otro lado de los cristales, familias con niños y

---

5 **dejarse el alma en uc** *loc* hacer uc con toda la fuerza y energía – 6 **un pedazo** trozo – 6 **una roca** piedra grande – 8 **grueso** gordo – 11 **un pasadizo** paso o camino para unir dos lugares – 12 **un espectador** up que mira – 13 **el hormigón** Beton – 18 **una cerilla** *Esp* Streichholz – 21 **repugnante** asqueroso – 21 **apelmazado** compacto – 23 **masticar** morder, triturar

globos y palomitas de colores, y todos se ríen muy divertidos ante sus súplicas de que le abran la puerta.

Una mañana le viene a la cabeza una idea. Puede lanzar al gorila por encima de la valla de hormigón, seguro que tiene
5 fuerzas suficientes para hacerlo. Su idea es que el gorila regrese con alguna piedra o utensilio que le ayude a salir de allí. Están en una especie de foso y por el otro lado la valla no tiene casi altura. El animalillo no se hará daño al caer y podrá regresar fácilmente con los objetos que encuentre. Le parece increíble
10 no haberlo pensado antes.

También podría intentar explicarle al gorila que hay una manera de llegar al otro lado de los cristales e incluso que hay un pasadizo con un par de puertas que quizá pueda abrir, pero le parece inviable. Así que trata de darle al gorila una
15 explicación sencilla y breve de lo que tiene que hacer. Solo necesita una piedra, una piedra, como esa roca a la que se están subiendo, pero más pequeña. Desde lo alto de la roca agarra bien al gorila con sus manos, lo lleva hacia su espalda y lo lanza con todas sus fuerzas por encima de la valla. El
20 gorila desaparece. No se oye nada. La verdad es que el pobre iba muy mal colocado en el aire, ojalá que no se haya hecho daño al caer. La espera, que dura bastantes minutos, se hace insoportable.

De repente oye unos golpes en el cristal. Allí está el gorila,
25 saludándole desde el otro lado, tan tranquilo. El chico corre hacia el cristal. Se siente mal por no haber confiado en él. Empieza a gritarle y a hacerle gestos. El gorila le mira. El chico señala hacia su derecha, trata de mostrarle la manera de llegar al pasadizo. El gorila le mira por última vez, imperturbable, y
30 se va. ¿Le habrá entendido? ¿Dónde demonios va?

Poco después, la puerta camuflada se abre y aparece el gorila con una piedra más grande que su cabeza y que apenas

---

1 **un globo** Luftballon – 1 **una palomita** *de maíz* Popcorn – 2 **una súplica** petición repetida – 6 **un utensilio** objeto, aparato – 7 **un foso** agujero – 14 **inviable** imposible – 29 **imperturbable** sin cambiar de actitud o reaccionar

puede levantar del suelo. El chico sujeta bien la puerta y le abraza. Pero el gorila no quiere abrazos, solo quiere mostrarle la piedra.

Cuando se van, el pobre animal no es capaz de resignarse: ¿para qué le ha hecho llevar esa piedra si luego la deja allí abandonada? De vuelta a casa, con el gorila en el asiento de al lado, el chico siente que el mundo es un lugar inmenso y lleno de posibilidades, tantas como él quiera encontrarle. Atraviesan la ciudad por la avenida principal. Cuando están en el distrito financiero, a lo lejos, cree adivinar un coche que se les acerca. Es un utilitario rojo que se detiene a su lado.

La última imagen del cómic muestra el movimiento congelado de la chica en el momento en que se baja del coche. Me gusta cortar así, que sea el lector el que rellene todo el futuro que ellos tienen por delante.

Mi madre está hablando con Luisa. Le dice lo que quiere que prepare de cena. Puede que Javier diga alguna cosa de vez en cuando y Luisa también, pero la voz de mi madre llega con una claridad increíble, como si las paredes la conocieran mejor que a ninguna otra, como si las palabras de mi madre estuvieran ya repartidas por toda la casa y solo hiciera falta un pequeño recordatorio para reactivarlas y traerlas hasta mi cama. Sigo escuchando. Es increíble la cantidad de consejos que mi madre puede darle a Luisa.

No me duele nada, pero al levantar el brazo para mirar la hora siento de nuevo la punzada en la espalda. Son las dos de la tarde, he dormido casi seis horas. Alguien me ha arropado con la manta escocesa de cuadros rojos, la que normalmente está en el salón.

Saco el móvil del bolsillo. Está apagado, no sé desde cuándo. Lo enciendo. Me gusta que las cosas tengan un PIN que les

---

10 **adivinar** intuir, imaginar – 11 **un utilitario** coche – 14 **rellenar** completar – 22 **un recordatorio** → recordar – 23 **un consejo** Rat – 26 **una punzada** dolor agudo y repentino – 28 **escocés** *aquí:* a cuadros

devuelve la vida. Un código secreto que les hace ser lo que siempre han sido. Quién sabe, a lo mejor las personas también lo tienen.

Marco el número de Adriana. Pienso en preguntarle su código PIN o algo así, aunque no sé si me entenderá. No me responde, salta el contestador. No dejo mensaje.

Escribo «Perdón» en un SMS y se lo envío. Tal vez valga como PIN.

---

1 **devolver** dar de nuevo uc – 6 **un contestador** aparato que graba mensajes telefónicos

Rodrigo Muñoz Avia

El autor y su obra

Rodrigo Muñoz Avia nació en Madrid en 1967. Es licenciado en Filosofía por la Universidad Complutense de Madrid.

Escribe libros tanto para adultos, entre los que destaca su novela de mayor éxito, *Psiquiatras, psicólogos y otros enfermos*, como para niños y jóvenes. Alfaguara publicó su primera novela, *Lo que no sabemos*, por la que obtuvo el Premio Jaén de Literatura Juvenil en 1996. Ha obtenido en dos ocasiones el Premio Edebé de Literatura Infantil, con las novelas *Los perfectos* y *Mi hermano el genio*. Asimismo es guionista de cine y autor de diversos escritos sobre la obra de sus padres, los pintores Lucio Muñoz y Amalia Avia.

Entre septiembre de 2007 y marzo de 2008 escribió diariamente en el blog *El gato de guardia*, promovido por la editorial Punto de Lectura, que posteriormente se convirtió en un libro con el mismo título.

Abreviaturas y símbolos

adj	=	Adjektiv, adjetivo
adv	=	adverbio
aquí:	=	señala un significado específico de la palabra en el contexto
aum	=	aumentativo
coloq	=	coloquial
cul	=	cultismo (bildungssprachlich)
despect	=	despectivo
dim	=	diminutivo
Esp	=	peninsularismo, término o expresión del español de la Península Ibérica
etc	=	etcétera
etw	=	etwas
f	=	femenino
fam	=	lenguaje familiar
fig	=	lenguaje figurativo
fr	=	galicismo, palabra de origen francés
INF	=	infinitivo
infor	=	informática
interj	=	interjección
irón	=	irónico
jmd	=	jemand
juv	=	lenguaje juvenil
lit	=	literario
loc	=	locución, giro idiomático
m	=	masculino
mil	=	militar
p ej	=	por ejemplo
perífr	=	perífrasis
pl	=	plural
rar	=	expresión de uso poco frecuente
s	=	singular
SUST	=	sustantivo
sup	=	superlativo
uc	=	una cosa, algo
up	=	una persona, alguien
vulg	=	expresión vulgar
≠	=	contrario de
→	=	remite a una palabra ya conocida
↔	=	remite al antónimo de una palabra ya conocida